Gabriele Grojer

Kommentierte Wirtschafts- übersetzungen

Englisch – Deutsch

Max Hueber Verlag

Quellen

Text	1:	The Economist	March 1, 1986
Text	2:	Time Magazine	November 7, 1988
Text	3:	The Economist	September 3, 1988
Text	4:	Time Magazine	October 10, 1988
Text	5:	The Economist	July 23, 1988
Text	6:	The Economist	December 26, 1987
Text	7:	The Economist	June 11, 1988
Text	8:	Business Week	Reprinted from the August 15, 1988 issue of Business Week by special permission. © 1988 by McGraw-Hill, Inc.
Text	9:	The Economist	December 5, 1987
Text	10:	Business Week	Reprinted from the February 13, 1989 issue of Business Week by special permission. © 1989 by McGraw-Hill, Inc.

3. 2. 1. | Die letzten Ziffern
1995 94 93 92 91 | bezeichnen Zahl und Jahr des Druckes.
Alle Drucke dieser Auflage können, da unverändert,
nebeneinander benutzt werden.
1. Auflage
© 1991 Max Hueber Verlag, D-8045 Ismaning
Gesamtherstellung: Ludwig Auer GmbH, Donauwörth
Printed in Germany
ISBN 3–19–006351–6

Inhaltsverzeichnis

Vorwort 5

Grammatische und linguistische Fachausdrücke 7

Text 1: Ladenschlußzeiten 12

Text 2: Fremdfinanzierte Firmenkäufe
"When managers are owners" 19

Text 3: Bankgeschäfte
"Citicorp rediscovers retail banking"
(part 1) 25

"Citicorp rediscovers retail banking"
(part 2) 32

Text 4: Entwicklungsländer-Schulden
"Forgive us our debts" 38

Text 5: Konjunkturindikatoren
"The bouncy dollar"
(part 1) 44

"The bouncy dollar"
(part 2) 47

Text 6: Wirtschaftslage
"West German economy facing external risks in 1988" 52

Text 7: Investitionen
(part 1) 57
(part 2) 61

Text 8: Europäische Währungseinheit 63

Text 9: Dollarkurs 68

Text 10: Geldpolitik
"Rising interest rates are straining international economic cooperation" 72

Anhang 76

Vorwort

Dieses Buch richtet sich an Schüler und Studierende an Sprachenschulen, Fremdspracheninstituten, höheren Lehranstalten und Hochschulen, grundsätzlich an alle, die sich aus beruflichen Gründen für Wirtschaftsübersetzungen interessieren. Es ist gedacht für Einsteiger in die fachliche Übersetzung. Dabei ist dieses Buch so angelegt, daß es einen Grundstock an übersetzungstechnischen Kenntnissen vermittelt, die für die nächste Stufe, den fortgeschrittenen Übersetzer von Wirtschaftstexten, unerläßlich sind. Aus diesem Grunde wurde in den Erläuterungen bewußt mit grammatikalischen und linguistischen Fachausdrükken gearbeitet, da die Kenntnis dieser Begriffe zum Handwerkszeug eines jeden Übersetzers gehört. Es ist daher sinnvoll, sich mit den auf Seite 7 in Form eines Glossariums zusammengestellten Termini vertraut zu machen.

Bei der Auswahl der Texte wurde versucht, sie thematisch möglichst breit zu streuen und nicht zu sehr ans Tagesgeschehen zu binden. Um den Schülern bzw. Studierenden die Möglichkeit zu geben, ihren Kenntnisstand zu kontrollieren, wurden die Texte in 3 Schwierigkeitsgrade (leicht, mittel, schwer) eingeteilt; die Zeitangabe orientiert sich an den Anforderungen, die bei der Abschlußprüfung für staatlich geprüfte Fremdsprachenkorrespondenten gestellt werden (15 Maschinenzeilen à 60 Anschläge in 45 Min.). Die Texte sind somit eine gute Prüfungsvorbereitung.

Dies alles zeigt bereits, daß das Buch für das Selbststudium angelegt ist. Die angebotenen Übersetzungsalternativen bzw. die Erläuterungen erheben nicht den Anspruch, den Lehrer in der Unterrichtssituation zu ersetzen, der auf individuelle Übersetzungsvorschläge bzw. fachliche Probleme gezielt eingehen kann. Die Lösungsvorschläge bzw. die Fehleranalyse sind allerdings das Ergebnis der Arbeit mit den Schülern und Studierenden an der Berufsfachschule und Fachakademie für Fremdsprachenberufe, wodurch ein großer Teil häufig gemachter Fehler abgedeckt werden konnte. Bei den Übersetzungsvorschlägen wurde darauf Wert gelegt, möglichst viele alternative Formulierungen zu geben, um das Gespür für eine stilistisch gute und inhaltlich richtige Übersetzung zu schärfen und zu beweisen, daß dieses Ziel mit dem Wörterbuch allein, ohne Kenntnis der wirtschaftlichen Zusammenhänge und ohne Heranziehen des Kontextes, nicht erreicht werden kann. Die Musterübersetzung am Ende eines jeden Textes ist daher nicht als die einzige, sondern als eine gute, den oben genannten Anforderungen entsprechende Übersetzung anzusehen.

Das Buch enthält im Erläuterungsteil neben Wortfeldern, Querverweisen, Fehleranalysen auch sehr viele Hinweise auf fachkundliche Zusammenhänge, die über das zu erläuternde Problem hinausgehen, um dem Lernenden einen gewissen Raster mitzuliefern. Dieser Teil verlangt daher die volle Konzentration des Benutzers, dem wir empfehlen, sich jeweils nur mit einem Text zu beschäftigen, um alle Informationen verarbeiten zu können. Alle Texte wie auch die Themen im Anhang können unabhängig voneinander bearbeitet werden.

Mein Dank gilt den Studierenden des Fremdspracheninstituts der Landeshauptstadt München, die durch ihre Übersetzungsarbeit und kritischen Anmerkungen im Unterricht nicht unerheblich zu diesem Buch beigetragen haben, sowie meinen Kolleginnen Frau Rupp und Frau Sandbach für die fachliche Unterstützung. Nicht zuletzt danke ich Frau Fandrich, die die Idee für dieses Projekt hatte.

Gabriele Grojer

Grammatische und linguistische Fachausdrücke

Adjektiv
Eigenschaftswort; dient vor allem der Bezeichnung von Eigenschaften oder Merkmalen.
Adjektive werden a) attributiv (eine *starke* Nachfrage) und b) prädikativ (die Nachfrage ist *stark*) verwendet.

Adverb
Umstandswort; mit einem Adverb werden in einem Satz Umstände der Zeit, des Ortes, der Art und Weise etc. bezeichnet, z. B.:
Das Wachstum wird sich *vermutlich* abschwächen.
Das Ergebnis war *durchaus* positiv.
Die Preise sind *nur* um 2% gestiegen.

adverbial
zum Adverb gehörend, als Adverb gebraucht
s. a. Nebensatz

adversativ
entgegensetzend

Adversativsätze
Nebensätze, die einen Gegensatz zu dem im Hauptsatz bezeichneten Geschehen ausdrücken und mit den Konjunktionen „während", „aber" eingeleitet werden
Bsp.: Das Ifo-Institut geht von einem Anstieg der Inflation von 5% aus, *während* andere Konjunkturforschungsinstitute nur 3% erwarten.
Nicht zu verwechseln mit „während" als temporaler Konjunktion zum Ausdruck der Gleichzeitigkeit.

Aktiv
Tätigkeitsform
Bsp.: Die Regierung kurbelt die Wirtschaft an.
Gegensatz: Passiv (siehe dort)

attributiv
s. Adjektiv

Demonstrativpronomen
hinweisendes Fürwort
zur Bezeichnung der Nähe: dieser, diese, dieses
zur Bezeichnung der Ferne: jener, jene, jenes

false friends
Wortpaare aus verschiedenen Sprachen, die bei scheinbar formaler Übereinstim-

mung verschiedene Bedeutungen aufweisen, z. B.:
provision = Vertragsbestimmung, Klausel, Vorschrift, Rückstellung, Wertberichtigung
≠ Provision (false friend). Die englische Entsprechung für „Provision" ist *commission.*

finite Verbform
Personalform z. B.: das Unternehmen *erwirtschaftet.* Diese Verbform ist abzugrenzen gegen
– die infinite Form (= Infinitiv, Bsp. *erwirtschaften*)
– das Partizip Perfekt (*erwirtschaftet*)

Genitiv
Wesfall (steht auf die Frage „wessen";)
Bsp.: sich *der Stimme* enthalten

Genus
grammatikalisches Geschlecht
Maskulinum (= männlich): *der, ein, dieser* Unternehmer
Femininum (= weiblich): *die, eine, diese* Bilanz
Neutrum (= sächlich): *das, ein, dieses* Unternehmen

Hauptsatz
In einem Satzgefüge der Satz, der selbständig ist, d. h. nicht von einem überge-
ordneten Satz abhängig ist.
Bsp.: *Der Kredit,* den Sie beantragt haben, *ist abgelehnt worden.* vgl. Nebensatz

Idiomatik
Die Gesamtheit der für eine Sprache spezifischen Wortprägungen und Aus-
drucksformen

Infinitiv
Grundform des Verbs, z. B.: *zahlen*
Diese infinitive Form ist abzugrenzen gegen
– die finite Verbform (Bsp. ich zahle, er zahlt, sie zahlen) und
– das Partizip Perfekt (Bsp. gezahlt)

kausal
dient der Angabe des Grundes, der Ursache
Kausale Nebensätze werden eingeleitet mit „weil", „da", kausale Hauptsätze mit
„denn", kausale Bezüge werden hergestellt mit den Konjunktionaladverbien
„deshalb", „daher".

Kollokation
Fachausdruck für charakteristische, häufig auftretende Wortverbindungen, z. B.:
ein starker Preisanstieg, eine starke Nachfrage nach...
nicht möglich ist dagegen die Koppelung *„ein starkes Defizit"*

Kompositum
Zusammensetzung von zwei Substantiven, z. B. *Unternehmensziele, Firmengründer*

Konjunktion
Bindewort; es stellt syntaktische Verbindungen her zwischen Wörtern, Wortgruppen oder Sätzen.
Bsp.: *aber, oder, und, sondern, weil, indem, als...*

Kontext
sprachlicher und außersprachlicher Zusammenhang, in dem eine Äußerung vorkommt

Lexik
der Wortschatz; die Gesamtmenge aller Wörter einer Sprache zu einem bestimmten Zeitpunkt

lexikalisch
den Wortschatz betreffend

modal
dient der Angabe der Art und Weise

Modus
Aussageweise; darin drückt sich die subjektive Stellungnahme des Sprechers zu dem Gesagten aus.

Nebensatz
im Gegensatz zu den selbständigen Hauptsätzen, abhängige bzw. untergeordnete Satztypen:
Relativsatz: Der Kredit, *den Sie beantragt haben,* ist abgelehnt worden.
Adverbialer Nebensatz
– *Temporalsatz* (= Zeit): Die Bundesbank erhöhte die Zinsen, *als die Geldmenge den Zielkorridor überschritt.*
– *Kausalsatz* (= Grund): Die Bundesbank erhöhte die Zinsen, *weil die Geldmenge den Zielkorridor überschritt.*
– *Modalsatz* (= Art und Weise): Die Bundesbank bekämpft die Inflation, *indem sie die Zinsen heraufsetzt.*
– *Konditionalsatz* (= Bedingung): *Wenn die Bundesbank die Zinsen erhöht,* wird sich das auf das gesamte Zinsniveau auswirken.

Nomen
Substantiv, Hauptwort

nominal
durch ein Hauptwort ausgedrückt

Numerale
Zahl/Zahlwort; Bsp.: *sechs Monate, alle, beide, mehrere*

Numerus
Zahl; der Numerus gibt an, ob etwas einmal (= Singular) oder mehrmals (= Plural) vorhanden ist oder auftritt

Partikel
Sammelbezeichnung für unflektierte Wörter bzw. Wortarten mit unterschiedlicher Verwendung, z. B. Konjunktionen, Interjektionen, Adverbien

Partizip
Mittelwort, bei dem man zwei Zeitstufen unterscheidet:
– das Partizip Präsens, beschreibt den Verlauf eines Prozesses (Bsp.: *steigend*)
– das Partizip Perfekt, beschreibt dessen Ergebnis (Bsp.: *gestiegen*)

Passiv
Leideform; Bsp.: die Wirtschaft *wurde angekurbelt* (von...)
Gegensatz: Aktiv (siehe dort)

Plural
Mehrzahl; Bsp.: *die Unternehmer*

prädikativ
siehe Adjektiv

Präposition
Verhältniswort; diese Wörter stellen Beziehungen zwischen einzelnen Satzelementen her, z. B.
– kausaler Art (infolge)
– temporaler Art (zwischen, nach)
– lokaler Art (unter, zwischen)

Relativpronomen
Fürwort, das sich in der Regel auf ein unmittelbar vorausgehendes Substantiv (oder auch einen ganzen Satz) bezieht und als Einleitungselement eines Nebensatzes (Relativsatzes) dient, z. B.:
– Das Unternehmen, *das* Konkurs angemeldet hat...
– Das Unternehmen hat Konkurs angemeldet, *was* für Fachleute nicht überraschend kam.

Relativsatz
siehe Nebensatz
siehe Relativpronomen

Satzgefüge
syntaktische Konstruktion, die aus mehr als einem Hauptsatz oder aus einem Hauptsatz und einem Nebensatz besteht

Semantik
die Lehre von der Bedeutung der Wörter

semantisch
die Bedeutung betreffend

Singular
Einzahl; Bsp. *der Unternehmer*

Substantiv
Dingwort, Hauptwort; Bsp. das *Wachstum,* ein *Kredit,* mehrere *Experten*

Synonym
Wörter mit ähnlicher oder beinahe gleicher Bedeutung. Ein Synonym kann für ein anderes Wort (bezogen auf einen bestimmten Kontext) trotz gewisser inhaltlicher oder stilistischer Unterschiede eingesetzt werden. Bsp.: *die Preissteigerungsrate = die Inflationsrate*

Syntax
Satzlehre; System von Regeln, die beschreiben, wie aus einem Inventar von Wörtern ganze Sätze gebaut werden können

syntaktisch
die Satzlehre betreffend

temporal
dient der Angabe der Zeit

Terminologie
Gesamtheit der innerhalb eines Fachgebietes definierten Fachausdrücke; Bsp.: Fachsprache der Wirtschaft, der Medizin, des Rechts

Terminus (technicus)
Fachausdruck, Fachwort

Verb(um)
Tätigkeitswort; bezeichnet in der Zeit verlaufende Phänomene wie Tätigkeiten, Vorgänge, Zustände
Bsp.: *ankurbeln, erwirtschaften, sein, wollen*

verbal
durch ein Verb ausgedrückt

Thema: Ladenschlußzeiten

West German retail sales grew less than a third as fast as the economy as a whole last year. Department stores are cutting costs and seeking new ways to lure customers. A report for the Economics Ministry forecasts that one-fifth of the country's independent rural grocers will soon go out of business. In such circumstances might longer shopping hours be a way of getting more cash into the tills? Some deregulation-minded politicians think so, but they are finding it hard to convince West German shopkeepers. The country's retailing rules are most restrictive, with late-night shopping being virtually unknown. Obviously, most shopkeepers value free time more than the chance to make more money. West Germany's department stores, too, show scant interest in longer opening hours, fearing that higher costs will not be offset by a larger turnover. Containing costs has become a watchword at the main retailing groups to compensate for sluggish consumer demand.

West German[1] retail sales[2] grew less than a third as fast as[3] the economy[4] as a whole last year.

Die Einzelhandelsumsätze in der Bundesrepublik Deutschland wuchsen weniger als ein Drittel so schnell/ so stark wie die Wirtschaft insgesamt im vergangenen Jahr.
Die Einzelhandelsumsätze... wuchsen nicht einmal ein Drittel so schnell/so stark ...

Department stores[5] are cutting costs[6] and seeking new ways to lure customers.

Warenhäuser sind dabei, die Kosten zu senken und nach neuen Wegen zu suchen, um neue Kunden anzulocken.

A report for the Economics Ministry[7] forecasts[8] that one-fifth of the country's[9] independent[10] rural gro-

cers[11] will soon go out of business[12].

In einem Bericht für das Wirtschaftsministerium wird prognostiziert, daß in der Bundesrepublik Deutschland ein Fünftel der selbständigen Lebensmittelhändler auf dem Land bald das Geschäft aufgeben werden.

In such circumstances might longer shopping hours[13] be a way of getting more cash into the tills[14]?

Könnten unter solchen Umständen längere Öffnungszeiten nicht eine Möglichkeit sein, mehr Geld in die Kassen zu bringen?

Some deregulation-minded politicians[15] think so[16], but they are finding it hard to convince West German shopkeepers.

Einige Politiker, die für eine Deregulierung sind/die für einen Abbau von Regulierungen sind/die für einen Abbau behördlicher Vorschriften sind/ (oder hier konkret: die für eine Liberalisierung der Ladenöffnungszeiten sind) gehen auch davon aus, aber sie finden es schwierig/sie stoßen auf Schwierigkeiten, die Ladeninhaber in der Bundesrepublik zu überzeugen.

The country's retailing rules[17] are most restrictive[18], with late-night shopping[19] being virtually unknown.

In der Bundesrepublik Deutschland sind die Einzelhandelsbestimmungen äußerst restriktiv und Einkaufen am späten Abend ist praktisch unbekannt.

Obviously, most shopkeepers value free time more than the chance to make more money.

Offensichtlich schätzen die Ladeninhaber die Freizeit mehr/legen mehr Wert auf Freizeit, als die Möglichkeit, mehr Geld zu verdienen/ ...liegt den Ladeninhabern mehr an Freizeit, als an der Möglichkeit...

West Germany's department stores, too, show scant interest in longer opening hours, fearing that higher costs will not be offset[20] by a larger turnover.

Auch die Kaufhäuser in der Bundesrepublik Deutschland zeigen wenig Interesse an längeren Öffnungszeiten, weil sie fürchten, daß die höheren Kosten nicht durch einen höheren Umsatz aufgewogen werden.

Containing costs[21] has become a watchword at the main retailing groups[22] to compensate for sluggish consumer demand.

Für die großen Kaufhauskonzerne wurde Kostendämpfung zur Maxime, um die schwache Verbrauchernachfrage zu kompensieren.

Erläuterungen zum Text

[1] *West German* – Den Begriff „westdeutsch" findet man nur in Kontexten, wo es um den Kontrast „westdeutsch" „ostdeutsch" geht. Am besten ersetzt man das Adjektiv *West German* im Englischen durch eine Adverbiale des Ortes im Deutschen. Analog dazu übersetzt man *West Germany* mit „Deutschland", „Bundesrepublik Deutschland" oder „BRD" (seit kurzem findet man zunehmend diese Abkürzung in der Tagespresse).

[2] *retail sales* – Einzelhandelsumsätze. Weitere Zusammensetzungen mit *retail*:

retail turnover	Einzelhandelsumsatz
retail trade/retail industry	Einzelhandel
retail business/retail establishment	Einzelhandelsbetrieb/-unternehmen
retailer/retail trader	Einzelhändler
retail selling	Einzelhandelsverkauf/Ladeneinzelhandel

retail shop/store/outlet	Einzelhandelsgeschäft/Ladengeschäft
retail executive	Leitender Angestellter im Einzelhandel
retailing rules/shopping rules/shopping laws	Bestimmungen des Einzelhandels
retailing group/retail stores group	Kaufhauskonzern
retail banking	Privatkundengeschäft der Banken (s. a. Text Nr. 3)

Der Begriff *sales* bietet hier die Möglichkeit aufzuzeigen, wie wichtig für den Übersetzer der Kontext einerseits und Fachwissen andererseits ist. Im Wörterbuch findet man

| a. sales revenues (turnover) | Umsatzerlöse, Umsatz |
| b. sales volume | Umsatz, Absatz |

Auf den ersten Blick scheint es, als ob „Absatz" oder „Umsatz" austauschbar wären. Es besteht jedoch folgender Unterschied:
„Umsatz" ist definiert als „Menge" × „Preis"
„Absatz" ist definiert als „Menge".
Beispiel: Verkauf von 500 Stück zu à DM 5,–. Der Absatz beträgt hier 500 Stück, der Umsatz DM 2500,–.
Folgt *sales* eine Währungsangabe wie z. B. „DM", „$", so ist davon auszugehen, daß „sales" im Sinne von „Umsatz" gebraucht wird. z. B.: *A company with annual sales of £ 3 billion (Jahresumsatz). Fehlt die Währungsangabe, die auf „Umsatz" hinweisen würde und auch eine Mengenangabe, für die dann im Deutschen „Absatz" stehen würde, so muß man die Bedeutung aus dem Kontext erschließen. Im obigen Text werden retail sales mit economy as a whole*, gemeint ist das „Sozialprodukt" verglichen. (s. u. Wortfeld *economy*). Ein Vergleich ist nur möglich, wenn man beides in DM oder £ etc. bewertet, also kann es sich hier nur um „Umsatz" handeln.
Sollte über die Ertragssituation eines Unternehmens etwas ausgesagt werden, so ist in der Regel auch der „Umsatz" gemeint, denn der Verkauf von hohen Stückzahlen sagt nichts über das Umsatzergebnis aus. Ein Unternehmen kann zwar viel absetzen, aber dennoch keinen Gewinn machen, weil der Preis vielleicht gerade die anfallenden Kosten deckt. In der Regel wird *sales* i. S. des aussagekräftigeren Begriffs, nämlich „Umsatz" verwendet.

Beispiele:

| Shop sales increased in the first quarter. | Einzelhandelsumsätze stiegen im 1. Quartal. |

The sales figures show that investors have favoured bonds rather than shares.	Die Verkaufszahlen zeigen, daß die Investoren eher Bonds als Aktien kauften/nachfragten.
Car sales increased in June	Die Verkäufe/die Verkaufszahlen von Autos stiegen im Juni an.
Sales by British Coal were protected against cheap coal imports.	Die Verkäufe durch British Coal wurden gegen billige Kohleimporte geschützt.

[3] *grew less than a third as fast as...* Die Struktur im Englischen kann im Deutschen nachgezeichnet werden. Trotzdem ergeben sich bei nur oberflächlichem Hinsehen zwei Fehlerquellen:
1. *less* bezieht sich auf *a third* und nicht auf *fast*
2. *a third* ist „ein Drittel".
Daher sind folgende Übersetzungen falsch:
„wuchs ein Drittel weniger schnell"
„wuchs dreimal weniger so schnell".

[4] *economy* deckt eine Reihe von Bedeutungsvarianten ab, die durch den Kontext erschlossen werden müssen. Dazu folgende Beispiele:

The economy grew strongly.	Die *Wirtschaft* wuchs kräftig/es gab ein kräftiges Wirtschafts-Wachstum (gemeint ist die Zunahme des Sozialprodukts).
The economy begins to slow.	Die *wirtschaftlichen Aktivitäten* nehmen ab.
the ability of the economy to produce more goods and services	die Fähigkeit der *Wirtschaft*, mehr Güter und Dienstleistungen bereitzustellen/zu produzieren (gemeint sind die Unternehmen)
Growth was strong throughout the non-oil economy.	Es war ein starkes/kräftiges Wachstum in den nicht-ölproduzierenden *Bereichen* zu verzeichnen.
The Fed is trying to cool off the economy.	Die amerikanische Zentralbank versucht, die *Konjunktur* zu dämpfen.

[5] *department store/departmental store.* In den Lehrbüchern versucht man einen Unterschied zwischen Kaufhaus und Warenhaus herauszuarbeiten. Kaufhaus ist demnach das Fachgeschäft als Großbetrieb mit geringem Warensortiment, das Warenhaus das Gemischtwarengeschäft als Großbetrieb. Unter einem Dach findet man verschiedenste Warensorten und -gruppen. In der Praxis jedoch ist diese Unterscheidung nicht aufrechtzuerhalten.

Dazu ein Überblick über mögliche Organisationsformen (*types of shops*) im Einzelhandel:

single-line store	Sortimentsgeschäft
unit shop, speciality shop	Einzelladen
multiple shop	Filialgeschäft
grocer's shop, grocery store	Lebensmittelgeschäft
general store	Gemischtwarengeschäft
greengrocer	Obst- und Gemüsehändler
mom-and-pop store	„Tante-Emma-Laden"
"ma and pa" corner store/shop	„Tante-Emma-Laden"
corner shop	„Tante-Emma-Laden"
discount department store	Discounter
discount store/house	Discounter
chain store	Kettenladen
cash and carry store	C & C
hypermarket/"hypermart"	Verbrauchermarkt (mind. 1000 qm)
supermarket	Supermarkt (mind. 400 qm)
self-service store/establishment	SB-Warenhaus (mind. 3000 qm)
shopping center	Einkaufszentrum
shop-in-the-shop system	Shop in Shop
rack jobber	Regalgroßhändler

_____
[6] *to cut costs/to cut back costs/to pare down costs/to reduce costs/to trim costs* – Kosten senken.

Achten Sie auf die verschiedenen Kollokationen von *cut* im Deutschen:

to cut prices	Preise *senken*
tax rates	Steuersätze *senken*
capacity	Kapazität *abbauen, reduzieren*
the trade deficit	Handelsbilanzdefizit *abbauen*
budget funds	Haushaltsmittel *kürzen*
unemployment benefit	Arbeitslosenunterstützung *kürzen*
working hours	Arbeitszeit *verkürzen*
expenses	Ausgaben *kürzen*
salaries	Gehälter *kürzen*
production/output	Produktion *verringern*
borrowing	Kreditaufnahme *verringern*

7 *Economics Ministry/Ministry for Economic Affairs* – Wirtschaftsministerium (in der Bundesrepublik Deutschland). S. a. entsprechende Institutionen in Großbritannien und den USA:

Great Britain	United States	Bundesrepublik
Treasury	Treasury	
Schatzamt	Schatzamt, Finanzministerium	Finanzministerium Ministry of Finance
	Office of Management and Budget (OMB)	Wirtschaftsministerium
	Haushaltsbehörde	Ministry for Economic Affairs
Department of Trade and Industry (DTI) Handelsministerium	Department of Commerce Handelsministerium	

8 *a report forecasts* – in einem Bericht wird prognostiziert. Eine Passivkonstruktion ist im Deutschen besser als eine Wiedergabe der englischen Aktivkonstruktion „ein Bericht sieht vorher/sagt voraus/prognostiziert". S. Anhang S. 82.

9 *of the country's* – hier: in Deutschland, in der Bundesrepublik Deutschland. Nun besteht eine gewisse Schwierigkeit *of the country's* in den Satz einzubauen, wenn man die wörtliche Übersetzung „des Landes" wählt. Es ist hier besser, das Land konkret zu benennen.

10 *independent* – selbständig. Selbst wenn *independent* nur in der Bedeutung „unabhängig" bekannt ist, so ist dennoch o. a. Bedeutung aus dem Kontext zu erschließen. Weitere Zusammensetzungen mit *independent*:

independent agent	selbständiger Handelsvertreter
independent contractor	selbständiger Unternehmer
independent enterprise	selbständiges Unternehmen

Ein „Freiberufler" (engl. *freelancer*) ist zwar auch ein Selbständiger. In der Regel wird hier eine wissenschaftliche oder künstlerische Vorbildung vorausgesetzt (Steuerrechtlicher Begriff s. § 18 I Nr. 1 EStG)

11 *rural grocer* – Lebensmittelhändler auf dem Lande. *Rural* kann hier nicht als attributives Adjektiv wiedergegeben werden. Ein Ausdruck wie „ländlicher Lebensmittelhändler" ist im Deutschen nicht möglich. (s. a. Anhang S. 82 f.)

12 *to go out of business/to give up business/to discontinue/to close down* – das Geschäft aufgeben

13 *shopping hours/shop hours* – Öffnungszeiten
shop closing hours – Ladenschlußzeiten

Beachte:

the car is in the shop das Auto ist in der Werkstatt (im amerikanischen Englisch kann *shop* auch „Werkstatt"sein)

14 *till* – Ladenkasse. Synonyme: *cash box/checkout*.

computerized till elektronische Ladenkasse

point of sale terminal Point-of-Sale Kasse („Zahlen am Verkaufsort", Beträge werden direkt vom Konto des Kunden abgebucht)

15 *deregulation-minded politicians*: *regulation* bedeutet Richtlinie/Verordnung/Verwaltungsvorschrift. Mit Deregulierung ist der Abbau von staatlichen Eingriffen, der Abbau von Regulierungen gemeint. Im Dezember 1987 wurde vom Bundeskabinett beschlossen, eine „Unabhängige Expertenkommission zum Abbau marktwidriger Regulierungen" (Deregulierungs-Kommission) einzurichten.

Das Partizip Perfekt *deregulation-minded* in der Funktion eines Adjektivs ist im Deutschen am besten mit einem Nebensatz wiederzugeben (S. Anhang S. 82 f.)

16 *politicians think so* – Politiker sind der Meinung/der Ansicht. Im Deutschen bietet sich aus stilistischen Gründen eine nominale Konstruktion an. (S. Anhang S. 82)

17 *retailing rules/shopping rules/shopping laws* – Einzelhandelsbestimmungen, Bestimmungen des Einzelhandels. (S. Anhang S. 82 f.)

18 *restrictive* – restriktiv. Ein Tip für die Prüfungssituation: Ist Ihnen die Bedeutung eines Wortes nicht bekannt, so belassen Sie es als Fremdwort im Deutschen. Sie handeln sich somit keinen Sinnfehler ein und oft macht die deutsche Sprache Anleihen in der englischen und es gibt keinen äquivalenten Ausdruck im Deutschen dafür (vgl. Deregulierung).

19 *late-night shopping* – Einkaufen am späten Abend. Das Adverb, das als attributives Adjektiv verwendet wird, ist im Deutschen am besten durch eine nachgestellte Präpositionalphrase wiederzugeben. (S. Anhang S. 82 f.)

20 *to offset* – anrechnen, aufrechnen, hier: aufwiegen.

21 *to contain costs/to curb costs/to cut costs* – Kosten dämpfen/reduzieren/senken.

22 *retailing group/retail stores group* – Kaufhauskonzern. *Group* ist hier die Kurzform für *group of affiliated companies* – Konzern.

Übersetzungsvorschlag

Die Einzelhandelsumsätze in der Bundesrepublik Deutschland wuchsen weniger als ein Drittel so schnell wie die Wirtschaft insgesamt im vergangenen Jahr.

Warenhäuser sind dabei, die Kosten zu senken und nach neuen Wegen zu suchen, um neue Kunden anzulocken. In einem Bericht für das Wirtschaftsministerium wird prognostiziert, daß in der Bundesrepublik Deutschland ein Fünftel der selbständigen Lebensmittelhändler auf dem Land bald das Geschäft aufgeben werden. Könnten unter solchen Umständen längere Öffnungszeiten nicht eine Möglichkeit sein, mehr Geld in die Kassen zu bringen? Einige Politiker, die für eine Deregulierung sind, gehen auch davon aus, aber sie finden es schwierig, die Ladeninhaber in der Bundesrepublik zu überzeugen. In der Bundesrepublik Deutschland sind die Einzelhandelsbestimmungen äußerst restriktiv und Einkaufen am späten Abend ist praktisch unbekannt. Offensichtlich schätzen die Ladeninhaber die Freizeit mehr, als die Möglichkeit, mehr Geld zu verdienen. Die Kaufhäuser in der Bundesrepublik Deutschland zeigen auch wenig Interesse an längeren Öffnungszeiten, weil sie fürchten, daß die höheren Kosten nicht durch einen höheren Umsatz aufgewogen werden. Für die großen Kaufhauskonzerne wurde Kostendämpfung zur Maxime, um die schwache Verbrauchernachfrage zu kompensieren.

Text 2

Schwierigkeitsgrad: **mittel**
Arbeitszeit: **45 Minuten**

Thema: Fremdfinanzierte Firmenkäufe

When Managers Are Owners

Leveraged buyouts come in many different varieties. In some cases, corporate raiders snap up a company with borrowed money, then throw out the management, dismember the firm and sell off the pieces. But in other deals (...) the managers initiate the action. In one of the least controversial types of management buyouts, the executives of a particular division buy it from a larger parent company. These managers are out to prove they can run their own show – and run it better than some sprawling conglomerate that has grown inattentive or slothlike in responding to the needs of its far-flung divisions. Some 1,100 units of U.S. companies have been acquired by their managers since 1982, and it is a blue chip list. (...) "Management buyouts create powerful incentives for entrepreneurship, risk taking and long-term planning", says Martin Dublier, chairman of a New York City investment firm that bankrolls many executives seeking control of their companies.
(...)

| When Managers Are Owners.[1]   Wenn Manager Firmeninhaber sind.

Leveraged buyouts[2] come in many different varieties.

Leveraged buyouts tauchen in verschiedenen Varianten auf./ Leveraged buyouts gibt es in verschiedenen Varianten. Es gibt verschiedene Arten der Leveraged Buyouts.

In some cases, corporate raiders[3] snap up a company with borrowed money[4], then throw out the management, dismember the firm[5] and sell off the pieces.

In einigen Fällen schnappen sich Übernahmehaie/Firmenhaie mit Fremdkapital eine Firma/...nehmen Übernahmehaie Kredite auf und schnappen sich eine Firma, werfen dann das Management hinaus, teilen die Firma auf und verkaufen die Teile.

But in other deals[6] the managers initiate the action.

Aber in anderen Fällen ergreifen die Manager die Initiative.

In one of the least controversial types of management buyouts, the executives[7] of a particular division[8] buy it from a larger parent company.

In einer am wenigsten kontroversen Art des Management Buyout kaufen die leitenden Angestellten eines Geschäftsbereichs diesen von einer größeren Muttergesellschaft.

These managers are out to prove they can run their own show – and run it better than some sprawling conglomerate[9] that has grown inat-

tentive or slothlike in responding to[10] the needs of its far-flung[11] divisions.

Diese Manager sind darauf aus zu beweisen, daß sie selbst etwas auf die Beine stellen können/daß sie die Dinge selbst in die Hand nehmen/ daß sie ihre eigenen Brötchen backen und dies besser können als ein weitverzweigtes Konglomerat, das nachlässig und schwerfällig gegenüber den Erfordernissen der breitgestreuten Geschäftsbereiche geworden ist.

Some 1,100 units[12] of U.S. companies have been acquired by their managers since 1982, and it is a blue chip list[13].

Seit 1982 wurden ungefähr 1,100 Geschäftsbereiche amerikanischer Unternehmen von ihren Managern erworben, und es handelt sich um lauter Spitzenunternehmen.

"Management buyouts create powerful incentives for entrepreneurship[14], risk taking and long-term planning", says M. D., chairman[15] of a New York City investment firm that bankrolls many executives[16] seeking control of their companies[17].

Management Buyouts schaffen/bieten starke/mächtige Anreize, Firmeninhaber zu werden, Risiken auf sich zu nehmen/zu übernehmen und langfristig zu planen/auf lange Sicht zu planen, sagt Martin Dublier, Vorsitzender einer New Yorker Investmentfirma, die vielen leitenden Angestellten, die ihre Firma übernehmen wollen, die finanziellen Mittel dafür zur Verfügung stellt.

Erläuterungen zum Text

¹ *Owner:* Im Alltagssprachgebrauch werden oft die Begriffe „Besitzer" und „Eigentümer" nicht klar getrennt. Die Studenten neigen dazu, diese ungenaue Verwendung bei den Übersetzungen zu übernehmen.

Beispiel:

If A sends his coat to the dry cleaner's, B, to be cleaned, the dry cleaner possesses it while the coat is being cleaned. The ownership remains with A, while the possession resides with B.

$$\text{Eigentümer} \xrightarrow{\substack{\text{rechtliche} \\ \text{Herrschaft}}} \text{Sache} \xleftarrow{\substack{\text{tatsächliche} \\ \text{Herrschaft}}} \text{Besitzer}$$

Owner has the entirety of the powers of use and disposal allowed by law.	Possessor has the control of the thing itself.

Owner steht hier für *owner of business*, also ist die Übersetzung „Wenn Manager Firmeninhaber sind" aussagekräftiger als „Wenn Manager Eigentümer sind".

² *Leveraged buyouts: leverage* bedeutet jede Kreditaufnahme, besonders zu Anlagezwecken.

highly leveraged (US)/highly geared (GB)	hoch verschuldet, einen hohen Grad an Fremdmitteln aufweisend

Leveraged buyouts/Leveraged Buyouts/LBO's werden als Terminus technicus im Deutschen übernommen, nachdem dieses Phänomen noch ein typisch angelsächsisches ist. Man findet gelegentlich in der Presse die Übersetzung „fremdfinanzierte Firmenaufkäufe".

Unter *leveraged buyouts* versteht man den mit hohen Krediten finanzierten Kauf eines Unternehmens durch eine kleine Gruppe von Investoren. Der Kredit für den Kaufpreis kann daher mit den Einnahmen des Unternehmens oder dem Verkauf von Teilen dessen Vermögens zurückgezahlt werden. Voraussetzung dafür ist natürlich, daß gewissermaßen die Rendite des gesamten Kaufpreises höher liegt als der Zinssatz für das Fremdkapital, das zum Erwerb des Unternehmens aufgenommen wurde, d. h. der Wert des Unternehmens muß durch die Übernahme steigen, etwa durch Reorganisation oder neue Kunden.

management buyout/Management Buyout/MBO sind Firmenaufkäufe durch das Management, ebenfalls fremdfinanziert. *MBOs* sind also eine Variante der *LBOs*, bei der man den Aufkäufer, nämlich das Management im Gegensatz zu externen Investoren explizit benennt.

Man sollte allerdings nicht übersehen, daß *leverage* in Wirtschaftstexten auch in der Grundbedeutung „Hebelkraft" und „Einfluß" gebraucht werden kann.

Beispiel:

to use something as leverage	etwas als Druckmittel benutzen etwas zu seinem Vorteil ausnützen

the protectionist's leverage plummeted	der Einfluß der Protektionisten ließ nach

[3] *corporate raiders/predators* – jemand, der gegen den Willen des Vorstandes ein öffentliches Angebot an die Aktionäre der Gesellschaft richtet, ihre Anteile zu einem bestimmten Preis zu verkaufen. In der Presse findet man folgende Übersetzungen: Firmenhai, Firmenjäger, Unternehmensjäger, Beutesucher, Übernahmegeier.

Das Adjektiv *corporate* findet sich auch in diversen anderen Kollokationen. Bevor wir einige davon auflisten, sollten wir das Substantiv *corporation* klären. Durch den Gründungsvorgang *incorporation* entsteht eine juristische Person (*legal or artificial person*), in der Regel eine Kapitalgesellschaft, die ungefähr der deutschen Aktiengesellschaft entspricht.

Es sind jedoch auch Genossenschaften, Stiftungen, eingetragene Vereine als *corporations* möglich. Im britischen Gesellschaftsrecht wird statt *corporation* der Ausdruck *company* verwendet.

corporate takeover proposal	Übernahmeangebot (*corporate* wird hier nicht übersetzt, da es aus dem Kontext klar hervorgeht, daß es sich um ein Unternehmen, eine Gesellschaft handelt)
corporate landscape	Unternehmenslandschaft
corporate America	Unternehmen in Amerika
corporate interest	Firmeninteresse
corporate takeovers	Firmenübernahmen
corporate earnings	Unternehmenserfolg/-ergebnis
corporate investment	Unternehmensinvestitionen
corporate banking	Firmenkundengeschäft
corporate life	Alltag eines Unternehmens

[4] *borrowed money* – „geliehenes Geld" ist zwar nicht falsch, aber nicht der Terminus technicus. *Borrowed money* ist in Wirtschaftstexten immer mit „Fremdkapital" zu übersetzen. Analog dazu *borrower* – Kreditnehmer, *lender* – Kreditgeber.

[5] *to dismember the firm* – „die Arbeitnehmer entlassen" würde hier keinen Sinn ergeben, denn dann würde die Firma aufhören zu bestehen. Hier ist vielmehr gemeint „die Firma aufteilen", die Firma trennt sich von einer Tochtergesellschaft oder einem Geschäftsbereich.

[6] *deal* in den bekannten Bedeutungen „Geschäft", „Handel", „Abkommen" paßt an dieser Stelle nicht. Der Leser hätte den Eindruck, daß es sich um ganz andere Geschäfte handeln würde und nicht um eine Variante des *leveraged buyouts*. Es wäre also besser hier etwas weniger konkret zu formulieren „aber in anderen Fällen...".

7 *executive* – „Führungskraft, leitender Angestellter", hier als Synonym zu Manager gebraucht.

8 *division* – „Geschäftsbereich, Unternehmensbereich, Sparte." Im Fall eines Konzerns ist *division* ein rechtlich selbständiges Unternehmen, unabhängig von der Muttergesellschaft mit all den dazu notwendigen Abteilungen... „a self-sufficient unit within a company. A division contains all of the departments necessary to operate independently from the parent company."
Division kann aber auch im Sinne von *operation* – „Geschäft" verwendet werden: z. B. *consumer division* – Privatkundengeschäft, vgl. auch: *credit card operation* – Kreditkartengeschäft.

9 *conglomerate* – Konglomerat, Mischkonzern.
Ein Konzern, der aus einzelnen Unternehmen besteht, die z. B. aus Gründen der Risikostreuung verschiedene Produkte herstellen. Das Dach eines Mischkonzerns kann eine Holding oder Holdinggesellschaft (*holding company*) sein, deren Aufgabe darin besteht, die zum Konzern gehörenden Tochtergesellschaften (*subsidiaries*) zu verwalten.

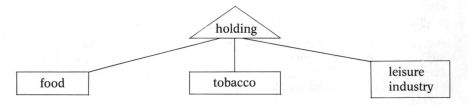

10 *in responding to* übersetzt man hier am besten mit einer Präposition z. B. „gegenüber". Würde man mit „als Reaktion auf" übersetzen, so verzerrt das den Sinn. Es würde bedeuten, daß die Ursache der Trägheit in den Bedürfnissen der Geschäftsbereiche zu suchen ist.

11 *far-flung* kann zwar bedeuten „örtlich weit auseinandergelegen" (distant), doch ist hier die Rede von Konglomeraten, also meist Dachgesellschaften, die verschiedene Branchen umfassen. *Far-flung* kann hier also nur im Sinne von „verschiedenen Bereichen angehörend" verwendet sein.

12 *unit* – part of a larger business entity, e. g. a division or a subsidiary might be called a unit of the business. *Unit* wird hier im Sinne von „Einheit/Betrieb" verwendet.

13 *blue chip* – Spitzenwert, erstklassige Aktie, solides Großunternehmen. *blue chip list* – Liste von Spitzenunternehmen, lauter Spitzenunternehmen. Andere Übersetzungen für *blue chip list* sind schlichtweg falsch, weil es sich hier um einen feststehenden fachterminologischen Begriff handelt, also Unternehmen gemeint sind, die sich über Jahre hinweg durch ihre Ertragslage, ihre Produkte und Dienstleistungen einen Namen gemacht haben.

[14] *create... incentives for entrepreneurship...*: die nominale Nachzeichnung der englischen Struktur klingt im Deutschen etwas holprig. Es bietet sich hier eine verbale Auflösung durch Infinitivkonstruktionen an, jedoch muß ein passendes Verb zugeordnet werden: „schaffen Anreize, Unternehmer zu werden..." Eine kleine Bemerkung zu „Unternehmer": Das Äquivalent zu „Unternehmer" im Englischen ist *businessman/entrepreneur*. *Undertaker* dagegen bedeutet „Leichenbestatter", wäre also hier ein *false friend*.

[15] *chairman* – Funktionsbezeichnungen zu übersetzen ist sehr schwierig. Oft steht die Funktionsbezeichnung nur als Abkürzung für den vollständigen Titel, z. B. *Chairman of the Board of Directors* und für die entsprechenden Gremien gibt es im Deutschen keine Entsprechung. *Board of directors* verkörpert die angelsächsische einstufige Unternehmensleitung, während wir im Deutschen ein zweistufiges System mit „Vorstand" und „Aufsichtsrat" haben. Die im Englischen eingeführte Übersetzung ist *managing board* für „Vorstand" und *supervisory board* für „Aufsichtsrat". *Chairman* könnte man wörtlich mit „Vorsitzender" übersetzen oder wenn man signalisieren möchte, daß diese Funktion nicht mit einem „Vorsitzenden" im deutschen System vergleichbar ist, dann kann man, wie es in der Presse gehandhabt wird, *Chairman* übernehmen. Es ist auch möglich, eine neutralere Bezeichnung wie z. B. „Leiter" oder „Chef" zu wählen.

[16] *...that bankrolls... executives.* Die verbale Formulierung „finanzieren" ist hier nicht möglich, da man zwar ein Projekt finanzieren kann, nicht aber eine Person. An dieser Stelle übersetzt man *bankroll* besser mit „das Kapital zur Verfügung stellen/die finanziellen Mittel zur Verfügung stellen".

[17] *seeking control of their companies. Control* wird auffallend oft mit „Kontrolle" übersetzt. Die Übersetzung „ihre Firmen besser unter Kontrolle haben wollen" ist hier falsch, denn das würde bedeuten, daß die leitenden Angestellten bisher ihre Funktion nur unzureichend erfüllt haben. *Control* hier im Sinne von „Führung/Leitung" zu übersetzen trifft die Aussage der Stelle auch nicht, denn die leitenden Angestellten führen/leiten auch jetzt schon das Unternehmen. Hier ist die Übernahme der Firma als Firmeninhaber gemeint.

Übersetzungsvorschlag
Wenn Manager Firmeninhaber sind
Leveraged buyouts tauchen in verschiedenen Varianten auf. In einigen Fällen nehmen Übernahmehaie Kredite auf und schnappen sich eine Firma, werfen das Management hinaus, teilen die Firma auf und verkaufen dann die Teile. Aber in anderen Fällen (...) ergreifen die Manager die Initiative. In einer am wenigsten kontroversen Art des Management Buyout kaufen die leitenden Angestellten eines Geschäftsbereichs diesen von einer größeren Muttergesellschaft. Diese Manager sind darauf aus, zu beweisen, daß sie selbst etwas auf die Beine stellen können und dies besser können, als ein weitverzweigtes Konglomerat, das nachlässig und schwerfällig gegenüber den Erfordernissen der breitgestreuten Ge-

schäftsbereiche geworden ist. Seit 1982 wurden ungefähr 1.100 Geschäftsbereiche amerikanischer Unternehmen von ihren Managern erworben und es handelt
sich um lauter Spitzenunternehmen. (…) Management Buyouts schaffen einen
starken Anreiz, Firmeninhaber zu werden, Risiken auf sich zu nehmen und auf
lange Sicht zu planen, sagt Martin Dublier, Vorsitzender einer New Yorker
Investmentfirma, die vielen leitenden Angestellten, die ihre Firma übernehmen
wollen, die finanziellen Mittel dafür zur Verfügung stellt.
(…)

| **Text 3** | Schwierigkeitsgrad: **mittel–schwer** |
| | Arbeitszeit: **45 Minuten** |

Thema: Bankgeschäfte

Citicorp Rediscovers Retail Banking (Part 1)

America's biggest bank, Citicorp, acts as a weather vane for the banking industry.
Ten years ago it led other banks into sovereign (principally Latin American)
loans, international expansion and trouble. Now Mr John Reed, the bank's
chairman, picks out cost control and consumer businesses as the bank's
priorities as it goes into the 1990s. He sees the bank doing most of its business
with individuals rather than the governments and corporations that his predecessor, Mr Walter Wriston, favoured.

Citicorp claims that one in five American households have its credit cards. Mr
Reed recently told securities analysts that consumer (or retail) banking will
contribute between 60% and 70% of Citicorp's earnings within several years, up
from just under half now. If roughly two-thirds of Citicorp's profit come from the
individual (or consumer) banking what happens to the other divisions? Although they will not contribute equally to earnings, Citicorp will not give them
up and wants all sectors to achieve at least 18% return on equity.

Citicorp rediscovers retail banking[1].

Citicorp entdeckt das Privatkundengeschäft aufs neue.
Citicorp entdeckt wieder das Privatkundengeschäft.

Citicorp acts as a weather vane[2] for
the banking industry[3].

Citicorp ist eine Art Wetterfahne/
Wetterhahn in der Bankbranche/im
Bankgewerbe/im Bankbereich/bei
den übrigen Banken.

25

Ten years ago it led other banks into[4] sovereign (principally Latin American) loans[5], international expansion and trouble.

Vor zehn Jahren brachte sie andere Banken dazu, Darlehen an andere Länder (hauptsächlich lateinamerikanische) zu vergeben, international zu expandieren und sich Schwierigkeiten einzuhandeln.

Now Mr John Reed[6], the bank's chairman[7], picks out cost control[8] and consumer businesses[9] as the bank's priorities as it goes into the 1990s.

J. Reed, der Chef der Bank, stellt Kostenkontrolle und das Privatkundengeschäft im Hinblick auf die 90er Jahre als die Prioritäten der Bank heraus.

He sees the bank doing[10] most of its business with individuals rather than the governments and corporations[11] that his predecessor, Mr Walter Wriston, favoured.

Seiner Vorstellung nach sollte das Hauptgeschäft der Bank eher mit Privatpersonen abgewickelt werden als mit Regierungen und Unternehmen, denen sein Vorgänger Walter Wriston den Vorzug gab.

Citicorp claims[12] that one in five American households[13] have its credit cards.

Nach Angaben von Citicorp hat jeder fünfte amerikanische Haushalt eine Kreditkarte von Citicorp/... hat jeder fünfte amerikanische Haushalt ihre Kreditkarte.

Mr Reed recently told securities analysts[14] that consumer (or retail) banking will contribute between 60% and 70% of Citicorp's earnings[15] within several years, up from just under half now[16].

Reed ließ kürzlich Wertpapieranalysten wissen, daß innerhalb einiger Jahre das Privatkundengeschäft zwischen 60% und 70% zum Ergebnis/Erfolg Citicorps beitragen wird. *Neuer Satz:* Dies ist ein Anstieg im Vergleich zu den momentan knapp 50%.
oder man *zieht die Ausgangsbasis vor:*
..., daß ausgehend von den momentan knapp unter 50%, das Privatkundengeschäft innerhalb einiger Jahre zwischen 60% und 70% zum Ergebnis/Erfolg Citicorps beitragen wird.
...daß der Beitrag des Privatkundengeschäfts zum Ergebnis/Erfolg von Citicorp von momentan knapp 50% in einigen Jahren zwischen 60% und 70% ausmachen wird.

If roughly two-thirds of Citicorp's profit[17] come from the individual (or consumer)[18] banking what happens to the other divisions[19]?

Wenn ungefähr zwei Drittel des Ergebnisses von Citicorp aus dem Privatkundengeschäft stammen, was passiert mit den anderen Bereichen?

Although they will not contribute equally to earnings, Citicorp will not give them up and wants all sectors to achieve at least 18% return on equity[20].

Obwohl sie nicht zu gleichen Teilen zum Ergebnis/Erfolg beitragen, so will Citicorp sie dennoch nicht aufgeben; Citicorp will, daß alle Bereiche zumindest 18% Kapitalrendite abwerfen.

Erläuterungen zum Text

[1] *retail banking: retail* bedeutet eigentlich *to sell in small quantities* (vgl. „teilen" im Deutschen) *directly to the consumer.* Im Handel erfolgt der Verkauf an den Endverbraucher auf der Stufe des Einzelhandels (vgl. Text 1). Im Bereich Banken werden Dienstleistungen an Privatkunden verkauft. *Retail banking/consumer banking/individual banking* ist also mit „Privatkundengeschäft" zu übersetzen. Die Pendant-Zielgruppe der Banken sind die Firmenkunden. Das „Firmenkundengeschäft" ist im Englischen *wholesale banking* oder *corporate banking.*

[2] *acts as a weather vane.* Dieses Bild kann im Deutschen durchaus übernommen werden. Jedoch ist eine wörtliche Übersetzung „fungiert als Wetterfahne" stilistisch etwas schief. Möglich wäre „Citicorp ist eine Art Wetterfahne/Wetterhahn" oder etwas freier „Man orientiert sich an Citicorp".

[3] *the banking industry. Industry* kann hier nicht mit „Industrie" übersetzt werden. Banken gehören zum Dienstleistungssektor, also zum Tertiären Bereich, während Industrie statistisch im Bereich des Produzierenden Gewerbes (Sekundärer Sektor) erfaßt wird. *Industry* ist also hier gleichzusetzen mit „Branche", „Gewerbe".

Für den noch nicht so geübten Übersetzer ist es sicher schwer, die jeweilige Bedeutung von *industry* zu erkennen. Es gibt aber eine Reihe von feststehenden Begriffen:

depressed industry	Krisenbranche
service industry	Dienstleistungsbranche
slum industry	ausbeuterisches Gewerbe
retail industry	Einzelhandel
regulated industries	öffentlich gebundene Unternehmen

Bedeutungsvarianten von *industrial*

industrial economies	Industrieländer
industrial accident	Betriebsunfall
industrial secret	Betriebsgeheimnis
industrial borrower	gewerblicher Kreditnehmer
industrial conflict	Arbeitskampf, -streitigkeiten
industrial relations	Arbeitgeber-, Arbeitnehmerbeziehungen
industrial competitiveness	Wettbewerbsfähigkeit der Wirtschaft

[4] *it led other banks into...* Durch die Reihung *led into sovereign loans, international expansion...* wird beim Leser eine Erwartungshaltung aufgebaut,

der durch Anfügen von *trouble* ein dramatisch-ironisches Element dagegengesetzt wird. Eine Nachzeichnung dieser Struktur im Deutschen ist etwas schwierig, weil es kein Verb gibt, das mit allen drei Substantiven kombiniert werden kann. Es bietet sich eine Infinitivkonstruktion mit drei verschiedenen Verben an.

5 *loan* a. Kredit, Darlehen, b. Anleihe. Im Alltagssprachgebrauch werden „Kredit" und „Darlehen" austauschbar verwendet bis auf einige feste Verbindungen wie z. B. „Kleinkredit" oder „Anschaffungsdarlehen". Der rechtliche Begriff nach § 607 BGB ist jedoch „Darlehen". Im Englischen wird rein inhaltlich ebenfalls kein Unterschied mehr gemacht zwischen *credit* und *loan* z. B. *personal loan/credit* und *real estate loan/credit*. Daneben gibt es jedoch ebenfalls feste Verbindungen, wie z. B. *retail credit* und *instalment credit*.

Siehe dazu folgende Beispiele:

personal loan/credit	Personalkredit (Kleinkredit/Anschaffungsdarlehen)
retail credit	Privatkundenkredit
consumer credit	Konsumentenkredit, Verbraucherkredit
instalment credit	Ratenkredit, Teilzahlungskredit
lombard loan	Lombardkredit
discount credit	Wechseldiskontkredit
trade (or: supplier) credit	Lieferantenkredit
real estate loan/credit	Realkredit
mortgage loan	Hypothekarkredit/-darlehen

Eine „Anleihe" ist eine langfristige Kreditaufnahme auf dem Kapitalmarkt gegen Ausgabe von Wertpapieren. Es wird der Kredit durch Ausgabe einer Urkunde, eines Wertpapiers verbrieft.

Der Kreditnehmer (*borrower*) gibt eine Anleihe aus (*issues a loan*), der Kreditgeber (*lender*) zeichnet eine Anleihe (*subscribes for a loan*) und gewährt damit einen Kredit (*grants a loan*). Für den Anfänger ist es sicher nicht immer leicht, aus dem Kontext zu erkennen, um welche Bedeutungsvariante es sich handelt. Überwiegend wird jedoch *loan* im Sinne von „Kredit", „Darlehen" verwendet.

sovereign loans. Sovereign ist hier bedeutungsgleich mit „Länder". Ist dieser Terminus nicht in dieser Bedeutung bekannt, so kann er in diesem Satz durch den Klammereinschub *principally Latin American* erschlossen werden. Nun kann man aber *sovereign loans* nicht mit Länderkredite oder Länderdarlehen übersetzen, analog zu *sovereign risks* (Länderrisiken), statt des Kompositums ist hier eine präpositionale Ergänzung zu setzen „Kredite an andere Länder". Präpositionale Ergänzung im Deutschen anstelle von Adjektiven im Englischen, s. Anhang S. 82 f.

6 *Mr John Reed.* Im Deutschen wird auf die Anrede mit „Herr", „Frau", „Fräulein" verzichtet, wenn man zusammen mit dem Familiennamen den Vornamen verwendet.

7 *chairman* – der Vorsitzende, der Leiter, der Chef, der Chairman.

8 *cost control.* Kostenkontrolle ist während der vergangenen Jahre zum Schlagwort geworden, nicht zuletzt als wesentliches Element einer angebotsorientierten Wirtschaftspolitik. Ein Betrieb kann oft nur wettbewerbsfähig bleiben, wenn er die Preise senkt. Sollte dies nicht auf Kosten der Gewinnspanne gehen, so ist er gezwungen, die Kosten möglichst niedrig zu halten.

9 *consumer business. business* wird hier im Sinne von „Bankgeschäft" verwendet. An dieser Stelle ist kurz aufzuzeigen, in welchen Bedeutungsvarianten *business* auftreten kann.

a. Geschäft (*commercial enterprise*)   Einzelhandelsbetrieb/-unternehmen
retail business

rich farming businesses are to be excluded from receiving federal subsidy   landwirtschaftliche Betriebe

to give up a business/
to go out of business   ein Geschäft aufgeben

to run one's business successfully   sein Geschäft erfolgreich führen

b. Geschäft (*contract*)

business opportunities   Gelegenheit für Geschäfte
to do business with somebody   mit jemandem Geschäfte abschließen
how's business?   wie gehen die Geschäfte?
he's away on business   er ist geschäftlich unterwegs

c. Geschäft (*line of business*)
In the food business traditional branch plants still predominate. "The only business that we are in here that they aren't in the U.S.", says Kraft Canada, "is peanut butter".   Nahrungsmittelbranche

Businesses in which Canada has a resource-based competitive advantage (like energy and petrochemicals) are expanding.   Branchen, Zweige, Bereiche

to set up in business as a lawyer   sich als Rechtsanwalt niederlassen

d. Sache, Angelegenheit

unfinished business remains   einige Sachen sind noch nicht erledigt

to know one's business	seine Sache verstehen
to get down to business	zur Sache kommen

e.
business confidence	Vertrauen in die Wirtschaft
the FT covers every kind of business	die FT berichtet über jedes Wirtschaftsthema
business correspondence	Handelskorrespondenz
business cycle	Konjunkturzyklus

[10] *he sees the bank doing...* Diese Konstruktion Partizip Präsens *doing* nach einem Verb der Sinneswahrnehmung *see* mit eigenem Sinnsubjekt *the bank* könnte mit einem Nebensatz aufgelöst werden: „Er stellt sich vor, daß die Bank...". Eleganter jedoch ist die nominale Konstruktion: „Seiner Vorstellung nach...".

[11] *corporation.* Gesellschaft, Kapitalgesellschaft (theoretisch aber auch Genossenschaft, Stiftung, eingetragener Verein). In diesem Text geht es um die Abgrenzung der Sektoren „Private", „Unternehmen" und „Staat", also nicht um die Unterscheidung „Kapitalgesellschaft" – „Personengesellschaft". In solchen Fällen übersetzt man *corporation* am besten mit „Unternehmen".

[12] *Citicorp claims.* Obwohl man gelegentlich auch schon Formulierungen wie „Citicorp behauptet" lesen kann, wäre auch hier eine nominale Formulierung eleganter „Nach Angaben von Citicorp" (siehe Anhang S. 82).

[13] *one in five have its credit cards.*
Eigenartigerweise wird das Subjekt hier als Pluralbegriff empfunden *one in five households have.* Das nachfolgende Possessivpronomen *its* kann sich daher gar nicht auf das Subjekt beziehen, es müßte sonst *their* heißen. *Its* bezieht sich eindeutig auf Citicorp.
Es ist also falsch, wenn man hier übersetzt: Jeder fünfte Haushalt hat seine eigene Kreditkarte. Diese Aussage ist allein aus dem Grund schon unwahrscheinlich, weil die USA die Kreditkartennation Nr. 1 ist, ein Haushalt im Schnitt mehr als eine Kreditkarte hat.
Nun haben wir bisher Citicorp kein Geschlecht zugeordnet.
Ist es *das* Unternehmen oder *die* Bank? Sind es *seine* oder *ihre* Kreditkarten? Grundsätzlich werden Unternehmen wie Neutren konstruiert. Oft kann man sich auch behelfen, indem man das Unternehmen nochmals konkret benennt. Im obigen Text wäre auch die feminine Form möglich, da Citicorp als Bank vorgestellt wurde.

[14] *securities* – a. Sicherheiten, b. Wertpapiere. Die Bedeutung muß jeweils aus dem Kontext erschlossen werden.
securities analyst – Wertpapieranalyst. Er studiert die Ertrags- und Bilanzkennzahlen einer Gesellschaft, die Branchensituation, allgemeine Konjunkturlage, Kurs- und Umsatzbewegungen einzelner Aktien.

15 *earnings* – Ertrag, Gewinn, Einkommen.

„Ertrag" und „Gewinn" einerseits sind vom „Einkommen" andererseits noch relativ leicht abzugrenzen. Als grobe Regel mag gelten: „Einkommen" ist ein steuerrechtlicher Begriff und wird meist in Verbindung mit natürlichen Personen verwendet, während „Ertrag" und „Gewinn" im Zusammenhang mit Unternehmen, vor allem in der Gewinn- und Verlustrechnung bzw. Erfolgsrechnung auftauchen.

Beispiel:

Having children cuts a British woman's potential lifetime *earnings* by half.	Einkommen
Last week when many big banks reported their first-quarter *earnings*, the results were broadly depressed.	Ertrag, Gewinn

Nun ist aber nach der Kostenrechnung „Gewinn" vom „Ertrag" scharf abzugrenzen. Vereinfacht dargestellt ergibt sich der Gewinn aus der Differenz zwischen Ertrag und Aufwendungen. In der englisch-sprachigen wie auch in der deutschsprachigen Presse wird hier nicht streng unterschieden.

SZ v. 27. 1. 1989   „Nach zweijährigem *Ertrags*rückgang wurde wieder ein *Gewinn* verzeichnet."

Time 4/5/87   "Last week when many big banks reported their first-quarter *earnings*, the results were broadly depressed. Manufacturers Hanover's *profits*, for example fell 21% to $ 81 million.

Business Week   *Earnings* are up a sparkling 96%... For the 900 companies
15/8/1988   tracked by Business Week's Corporate Scoreboard, after-tax *profits* zoomed 96% to almost double their levels of a year ago.

Eine Lösungsmöglichkeit bietet der Jahresabschluß nach dem neuen Bilanzrichtliniengesetz, das am 1. 1. 1986 in Kraft trat.

Schema der Gewinn- und Verlustrechnung/Erfolgsrechnung nach § 275 II HGB

     Betriebsergebnis
+   Finanzergebnis
=   Ergebnis der gewöhnlichen Geschäftstätigkeit
+   Außerordentliches Ergebnis
−   Steuern
=   Jahresüberschuß/-fehlbetrag
±   Ergebnisverwendung nach § 158 I AktG
=   Bilanzgewinn/-verlust

Aufgrund dieser Gliederung bietet sich der Begriff „Ergebnis" an. In der Presse wird oft synonym „Erfolg" verwendet.

16 ... *up from under half now*. Diese nachgestellte Ausgangsbasis verleitet dazu, besonders bei flüchtigem Hinsehen, daß man Ausgangsbasis und Anstieg verwechselt. Würde man übersetzen „dies ist ein Anstieg von knapp", dann hätte „von" hier die Funktion von „in Höhe von" und das wäre falsch. Im Deutschen müßte man die neue Größe anfügen, also „von... auf". (S. Anhang S. 76 f.)

17 *profit* vgl. Ausführungen zu Satz 7, Anmerkung Nr. 15.

18 *individual (or consumer) banking*. Synonym zu retail banking.

19 *division* s. Text Nr. 2 Anmerkung 8)

20 return on equity/equity return   Kapitalrendite
(jährlicher Gesamtertrag eines angelegten Kapitals, meist in Prozent des angelegten Kapitals ausgedrückt)

Übersetzungsvorschlag
Citicorp entdeckt das Privatkundengeschäft aufs neue (Teil 1)
Amerikas größte Bank, Citicorp, ist eine Art Wetterhahn im Bankgewerbe. Vor zehn Jahren brachte sie andere Banken dazu, Darlehen an andere Länder (hauptsächlich lateinamerikanische) zu vergeben, international zu expandieren und sich Schwierigkeiten einzuhandeln. J. Reed, der Chef der Bank, stellt Kostenkontrolle und das Privatkundengeschäft im Hinblick auf die 90er Jahre als die Prioritäten der Bank heraus. Seiner Vorstellung nach sollte das Hauptgeschäft der Bank eher mit Privatpersonen abgewickelt werden als mit Regierungen und Unternehmen, denen sein Vorgänger Walter Wriston den Vorzug gab. Nach Angaben von Citicorp hat jeder fünfte amerikanische Haushalt eine Kreditkarte von Citicorp. Reed ließ kürzlich Wertpapieranalysten wissen, daß der Beitrag des Privatkundengeschäfts zum Ergebnis von Citicorp von momentan knapp 50% in einigen Jahren zwischen 60% und 70% ausmachen wird. Wenn ungefähr zwei Drittel des Ergebnisses von Citicorp aus dem Privatkundengeschäft stammen, was passiert mit den anderen Bereichen? Obwohl sie nicht zu gleichen Teilen zum Ergebnis/Erfolg beitragen, so will Citicorp sie dennoch nicht aufgeben; Citicorp will, daß alle Bereiche zumindest 18% Kapitalrendite abwerfen.

Citicorp (Part 2)   Arbeitszeit: **30 Minuten**
Last year, the consumer division earned $ 548m worldwide, or a handy 46% of the bank's $ 1.2 billion operating earnings. Citicorp, however, lost $ 1.1 billion

for the year because of a $ 3 billion addition to loss reserves for problem loans to Latin America. Citicorp must continue to keep expenses low and market share high. That will mean acquisitions. Mr Reed said Citicorp had considered buying First RepublicBank Corp, a failed Texas bank, but backed off because the fit between the two companies was not right. The heart of Citicorp's consumer banking is its credit-card operation. It is now America's largest, and the quality of its credit-card loans seems to be improving. So far this year the bank's provision for possible losses in the consumer bank has fallen by 9% and write-offs are down by 4%.

Last year, the consumer division[1] earned $ 548m worldwide, or a handy 46%[2] of the bank's $ 1.2 billion[3] operating earnings[4].

Vergangenes Jahr brachte das Privatkundengeschäft weltweit $ 548 Millionen ein/... trug das Privatkundengeschäft weltweit $ 548 Millionen zum Ergebnis/Erfolg bei oder beachtliche/stattliche 46% des Betriebsergebnisses in Höhe von 1.2 Milliarden $.

Citicorp, however, lost[5] $ 1.1 billion for the year because of a $ 3 billion addition to loss reserves[6] for problem loans to Latin America.

Citicorp jedoch verbuchte einen Jahresverlust in Höhe von $ 1.1 Mrd wegen einer Risikovorsorge für Problemkredite an Lateinamerika.

Citicorp must continue to keep expenses[7] low and market share high[8].

Citicorp muß weiterhin die Aufwendungen niedrig und den hohen Marktanteil halten/... muß weiterhin die Aufwendungen niedrig halten und den hohen Marktanteil sichern.

That will mean acquisitions[9].

Das bedeutet Firmenübernahmen/ Das wird nur durch Firmenübernahmen möglich sein.

Mr Reed said Citicorp had considered buying First RepublicBank Corp, a failed Texas bank[10], but backed off because the fit between the two companies was not right.

Reed sagte, Citicorp habe in Erwägung gezogen, die First Republic Bank Corp., eine insolvente Bank in Texas, zu kaufen, ließ aber dann davon ab, weil die beiden Unternehmen nicht zusammenpaßten.

The heart of Citicorp's consumer banking is its credit-card operation[11].

Das Kernstück des Privatkundengeschäfts von Citicorp ist das Kreditkartengeschäft.

It is now America's largest, and the quality of its credit-card loans[12] seems to be improving.

Es ist nun das größte in Amerika und die Bonität der Kreditkarteninhaber scheint sich zu verbessern.

So far this year the bank's provision for possible losses[13] in the consumer bank has fallen by 9% and write-offs are down by 4%[14].

In diesem Jahr wurde die Risikovorsorge für mögliche Verluste im Privatkundengeschäft um 9% und die Abschreibungen um 4% niedriger angesetzt/um 4% reduziert/um 4% vermindert.

Erläuterungen zum Text

[1] *consumer division. consumer division/consumer business/retail business/ retail banking* werden in diesem Text synonym verwendet für „Privatkundengeschäft". Sollte man jedoch „Privatkundengeschäft" ins Englische übersetzen müssen, so wäre *retail banking* der Fachterminus.
Zu *division* s. Text 2, Anmerkung Nr. 8.

[2] *a handy 46%* – stattliche/beachtliche 46%. S. auch Anhang „Adjektiv vor Zahlen", S. 77 f.

[3] Beachte: nur ganz wenige Zeitungen unterscheiden noch zwischen *billion* (GB) und *billion* (US), in der Regel verwendet man *billion* im amerikanischen Sinn, also Milliarden im Deutschen.

[4] *operating earnings/income/revenue/result/net operating profit* werden austauschbar verwendet wie im Deutschen „Betriebsergebnis/Betriebserfolg/Betriebsgewinn", s. Text 3, Teil 1, Anmerkung Nr. 15.
Das Betriebsergebnis ist die Differenz zwischen Betriebserträgen und Betriebsaufwendungen. Ein Ergebnis, das im Rahmen der regulären Geschäftätigkeit und des regulären Herstellungsprozesses entstanden ist. In unserem Beispiel könnte es zurückzuführen sein auf das Einlagengeschäft, Kreditgeschäft etc. Zum Finanzergebnis dagegen rechnen Aufwendungen und Erträge aus betriebsfremden Beteiligungen, wenn also z. B. die Bank mit Aktien an einem anderen Unternehmen beteiligt wäre.

[5] *Citicorp... lost.* Statt „Citicorp verlor" übersetzt man aus fachterminologischen Gründen besser mit „Citicorp verzeichnete einen Verlust/verbuchte einen Verlust".

[6] *addition to loss reserves.*
Reserve ist ein Sammelbecken für bilanztechnische Begriffe, die im Deutschen bislang streng getrennt wurden:
Rücklage: Rücklagen sind Kapitalreserven. Für Aktiengesellschaften schreibt das Aktiengesetz die Ansammlung einer Rücklage von 10% des Aktienkapitals vor (Kapitalrücklagen).
Gewinnrücklagen umfassen nur Beträge, die im Geschäftsjahr oder in früheren Geschäftsjahren aus dem Ergebnis gebildet worden sind. Beiden ist gemeinsam, daß sie zum Eigenkapital zählen.
Rückstellungen (syn. *accrued liabilities*) Verbindlichkeiten (also Fremdkapital), die dem Grunde nach, aber nicht der Höhe nach feststehen, z. B. Rückstel-

lungen für einen laufenden Prozeß, den man vielleicht verliert, oder Pensions-
rückstellungen.

Wertberichtigung: Die Bilanz eines Unternehmens soll den tatsächlichen Wert
der Vermögensgegenstände zeigen. Deshalb muß die Wertminderung von Ge-
bäuden etc., sowie Forderungen und Krediten berücksichtigt werden. Entweder
wird der Aktivposten entsprechend niedriger bewertet (direkte Abschreibung)
oder ein Gegenposten (Wertberichtigung) auf der Passivseite gebildet (indirekte
Abschreibung).

Es kann sich also hier im Text nur um Wertberichtigungen von Aktivposten
handeln, von Krediten, die man Entwicklungsländern gewährt hat und mit deren
Rückzahlung nur teilweise zu rechnen ist. Seit 1.1.1986 dürfen nach dem neuen
Bilanzrichtliniengesetz zumindest bei deutschen Kapitalgesellschaften keine
Wertberichtigungen mehr ausgewiesen werden, so daß nur noch die direkte
Abschreibung in der Bilanz relevant ist. Unter bestimmten Umständen können
Wertberichtigungen vorgenommen werden, die dann in der Position „Sonderpos-
ten mit Rücklageanteil" in der Bilanz ausgewiesen werden. Und schon ist
unsere klare Trennung zwischen Wertberichtigung und Rücklage hinfällig.

Uns bleibt also nur die Möglichkeit, explizite bilanztechnische Begriffe zu vermeiden. „Risikovorsorge" würde sich hier anbieten, ein Begriff, den auch die
Banken in ihren Geschäftsberichten für diesen Vorgang verwenden.

[7] *expenses* – a. Kosten, b. Aufwand. Im Deutschen ist hier wieder streng zu
trennen.

Kosten sind die Mengen und Werte der für die Erstellung von betrieblichen
Leistungen verbrauchten Güter und Dienstleistungen, z.B. Personalkosten, Allgemeine Verwaltungskosten.

Unter Aufwendungen versteht man den gesamten Wertverbrauch eines Unternehmens während eines Geschäftsjahres.

Siehe dazu nachfolgende Aufstellung

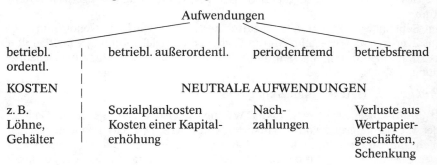

	betriebl. ordentl.	betriebl.	außerordentl.	periodenfremd	betriebsfremd
	KOSTEN	NEUTRALE AUFWENDUNGEN			
	z.B. Löhne, Gehälter	Sozialplankosten Kosten einer Kapital-erhöhung		Nach-zahlungen	Verluste aus Wertpapier-geschäften, Schenkung

Im Kontext ist nicht zu erkennen, ob Kosten oder Aufwendungen gemeint sind,
in diesem Fall ist immer der breitere Begriff, also hier „Aufwendungen" zu
nehmen.

8 Die Parallele im Englischen *keep low and… high* kann im Deutschen nicht nachgezeichnet werden. „Die Kosten niedrig halten" ist durchaus akzeptabel, jedoch kann man nicht „den Marktanteil hochhalten". Die Verbalphrase *keep high* ist im Deutschen am besten durch ein attributives Adjektiv und ein Verb wiederzugeben „den hohen Marktanteil halten".

9 *acquisition/purchase* – Übernahme. Oft hört das übernommene Unternehmen auf zu bestehen. Man unterscheidet zwischen *merger* und *consolidation*. *Merger* ist die Verschmelzung durch Aufnahme (*one or more entities are fused into another*) und *consolidation*, was der Verschmelzung durch Neubildung entspricht (*combination of two or more entities under a new name or legal form*).

Verschmelzung durch Aufnahme   Verschmelzung durch Neubildung

$$ \boxed{A} \ + \ \boxed{B} \ = \ \boxed{A} \qquad\qquad \boxed{A} \ + \ \boxed{B} \ = \ \boxed{C} $$

In der Presse werden die Begriffe bezüglich der Unternehmenszusammenschlüsse oft austauschbar verwendet, man spricht von *acquisitions and mergers* – Firmenaufkäufe und -übernahmen, obwohl *acquisition* der Überbegriff zu *merger* und *consolidation* ist.

10 *a failed bank* – eine insolvente Bank. Insolvenz deckt sowohl Konkurs als auch den Vergleich ab. Beim Konkurs hört das Unternehmen auf zu bestehen, die Gläubiger erhalten eine Konkursquote, beim Vergleich verzichten die Gläubiger freiwillig auf einen Teil ihrer Forderung in der Hoffnung, daß bei Weiterführung des Unternehmens ihre Restforderungen gesichert werden.
Eine „bankrotte Bank": Es würde unterstellt werden, daß die Bank aufgrund Betruges schließen mußte, denn Bankrott ist definiert als betrügerischer Konkurs.
Im September 1988 wurde in Deutschland der Entwurf zur Neuordnung des Insolvenzrechts vorgestellt. An die Stelle der Vergleichsordnung von 1935 und der Konkursordnung aus dem Jahr 1877 tritt eine einheitliche „Insolvenzordnung".

11 *operation* (s. Text 2, Anmerkung 8)

12 *quality of… credit card loans.* Wörtlich übersetzt würde sich die Qualität der Kredite aufgrund von Kreditkarten verbessern. Der Satz ist im Englischen nicht präzise formuliert. Der Nachfolgesatz jedoch macht deutlich, daß es sich weniger um die Qualität der Kredite, als um die Qualität der Kunden, d.h. der Bonität (*credit worthiness*) handelt. Es ist nomalerweise nicht die Aufgabe des Übersetzers den Stil des Autors zu verbessern, doch kann man offensichtlich Ungereimtheiten zurechtrücken und damit die Verständlichkeit erhöhen.

[13] *provision for possible losses* – a. Rückstellung, b. Wertberichtigung. *Provisions* und *reserves* (vgl. Anmerkung Nr. 6) werden hier austauschbar verwendet. Es bietet sich der Terminus „Risikovorsorge" an, der nicht im Wörterbuch steht. Beachten Sie, daß *provision* im Englischen nie Provision, im Sinne von Vermittlungsgebühr im Deutschen ist *(false friend)*. Die Provision ist im Englischen *commission*.

[14] *has fallen by... are down by.* „Ist zurückgegangen"... „sind zurückgegangen", diese Formulierungen würden bedeuten, daß der Rückgang die Folge irgend einer Veränderung ist (z. B.: die Zahl der notleidenden Kredite ist zurückgegangen aufgrund der gestiegenen Bonität der Kunden).
Hier handelt es sich aber um einen Vorgang der bewußt herbeigeführt wurde, man hat in der Bilanz bzw. Gewinn- und Verlustrechnung die jeweiligen Beträge bewußt niedriger angesetzt. Im Deutschen wäre also eine Passivkonstruktion besser.

Übersetzungsvorschlag (Teil 2)

Vergangenes Jahr brachte das Privatkundengeschäft weltweit $ 548 Millionen ein oder beachtliche 46% des Betriebsergebnisses in Höhe von $ 1.2 Mrd. Citicorp allerdings verbuchte einen Jahresverlust in Höhe von $ 1.1 Mrd. wegen einer Risikovorsorge für Problemkredite an Lateinamerika. Citicorp muß weiterhin die Aufwendungen niedrig halten und den hohen Marktanteil sichern. Das wird nur durch Firmenübernahmen möglich sein. Reed sagte, Citicorp habe in Erwägung gezogen, die First RepublicBank Corp., eine insolvente Bank in Texas, zu kaufen, ließ aber davon ab, weil die beiden Unternehmen nicht zusammenpaßten. Das Kernstück des Privatkundengeschäfts von Citicorp ist das Kreditkartengeschäft. Es ist nun das größte in Amerika und die Bonität der Kreditkarteninhaber scheint sich zu verbessern. In diesem Jahr wurden die Risikovorsorge für mögliche Verluste im Privatkundengeschäft um 9% und die Abschreibungen um 4% niedriger angesetzt.

Thema: Entwicklungsländer-Schulden

Forgive us our debts

(...) But how should Third World debt be reduced? At the World Bank – IMF meeting, the Japanese presented a general plan. Borrowers would exchange some loans for long-term bonds, unofficially dubbed "junk debt". Interest on those notes would be guaranteed by special funds set up by the IMF, although the money would come from the debtor countries. Remaining commercial bank debt would be rescheduled. (...)

The United Nations Conference on Trade and Development offers a far more radical proposal: an outright 30% reduction of private bank loans owed by 15 major debtor countries. (...) Instead of forgiving loans, bankers are swapping debt for equity stakes in local companies. (...) Some loans are being taken over by organizations concerned about the welfare of developing nations. Conservation International, for example, bought $ 650,000 worth of Bolivian debt from Citicorp at the discounted price of $ 100,000. Instead of demanding payments on the loan, the nonprofit organization has created a wildlife sanctuary in the Amazon Basin that the Bolivian government has agreed to protect. (...)

| Forgive us our debts[1]

Erlaßt uns unsere Schulden

| But how should Third World debt[2]
| be reduced?

Aber wie sollten die Schulden der Dritten Welt vermindert/reduziert werden?

| At the World Bank – IMF meeting[3],
| the Japanese presented a general
| plan.

Auf der Jahresversammlung/Tagung der Weltbank und des Internationalen Währungsfonds präsentierten die Japaner einen generellen Plan/legten die Japaner einen generellen Plan vor.

| Borrowers[4] would exchange some

loans[5] for long-term bonds[6], unofficially dubbed "junk debt"[7].

Die Kreditnehmer würden danach für die aufgenommenen Darlehen langfristige festverzinsliche Wertpapiere ausgeben, inoffiziell spricht man von „Junk-Schulden" (der Schuldner ist also nicht von erstklassiger Bonität).

| Interest[8] on those notes[9] would be
| guaranteed by special funds set up
| by the IMF, although the money
| would come from the debtor count-
| ries.

Die Zinsen für diese Wertpapiere würden durch eigens vom IWF eingerichtete Fonds garantiert werden, obwohl das Geld von den Schuldnerländern kommen würde.

Remaining commercial bank debt[10] would be rescheduled[11].

Die restlichen Schulden bei den Geschäftsbanken würden umgeschuldet werden.

The United Nations Conference on Trade and Development offers a far more radical proposal: an outright 30% reduction of private bank loans[12] owed by 15 major debtor countries[13].

Die Konferenz über Handel und Entwicklung der Vereinten Nationen macht einen weit radikaleren Vorschlag: eine sofortige Reduzierung der Verbindlichkeiten von 15 Hauptschuldnerländern gegenüber Privatbanken in Höhe von 30%.
...eine Reduzierung der Forderungen der Privatbanken an 15 Hauptschuldnerländer...

Instead of forgiving loans[14], bankers are swapping debt for equity stakes[15] in local companies[16].

Anstelle des Schuldenerlasses wandeln Banken ihre Forderungen in Beteiligungen am Eigenkapital von Unternehmen in den Schuldnerländern um.

Some loans[17] are being taken over by organizations concerned about the welfare of developing nations.

Einige Forderungen werden von Organisationen übernommen, die um das Wohlergehen der Entwicklungsländer besorgt sind.

Conservation International, for example, bought $ 650,000 worth of Bolivian debt from Citicorp at the discounted price of $ 100,000.

Conservation International, z.B., übernahm von Citicorp bolivianische Schulden/Verbindlichkeiten in Höhe von $ 650,000 zum verminderten Preis von $ 100,000./
...übernahm von Citicorp... mit einem Abschlag zum Preis von...

Instead of demanding payments on the loan[18], the nonprofit organization has created a wildlife sanctuary in the Amazon Basin that the Bolivian government has agreed to protect.

Eine gemeinnützige Organisation hat anstelle von Tilgungszahlungen einen Wildpark im Amazonasbecken geschaffen, für den die bolivianische Regierung sich bereiterklärt hat, die Verantwortung zu übernehmen.

Erläuterungen zum Text

[1] Hier eine biblische Anspielung, doch existiert für „Schuldenerlaß" neben *debt cancellation* und *debt relief* auch der Terminus *debt forgiveness*.

[2] *Third World debt*. Das Kompositum im Englischen muß im Deutschen aufgelöst werden durch Substantiv plus Genitivergänzung oder präpositionale Ergänzung. Folgende Beispiele finden sich im Text:

Third World debt	Schulden *der* Dritten Welt
World Bank – IMF meeting	Jahresversammlung *der* Weltbank und des IWF
private bank loans	Darlehen *von* Privatbanken
third world loans	Kredite *an* die Dritte Welt
commercial bank debt	Schulden *bei* den Geschäftsbanken
equity stakes	Beteiligungen *am* Eigenkapital

Aus dem Kontext ist jeweils zu erschließen welche Präposition die richtige ist. Vgl. *private bank loans* und *Third World loans* (s. Anhang S. 82 f.).

3 *World Bank – IMF meeting* (s. Ausführungen zu Satz 2).

4 *borrower/lender* – Kreditnehmer/Kreditgeber

5 *loan* s. Text 3 Teil 1 Anmerkung Nr. 5

6 *bond* – in den Wörterbüchern findet man eine Reihe von scheinbaren Synonymen z. B. Schuldverschreibung, Obligation, Anleihe, Rentenpapier, festverzinsliches Wertpapier. Die Schwierigkeit für den Anfänger liegt einmal im Deutschen, da Über- und Unterbegriffe austauschbar verwendet und Gliederungskriterien vermischt werden. Will man nicht zwischen Emittenten unterscheiden, sondern wie in unserem Text nur feststellen, daß der Kredit verbrieft wird durch ein Wertpapier, daß also der Kreditgeber seine Gläubigerposition beibehält, so bietet sich der Begriff „festverzinsliches Wertpapier" als Überbegriff an. Abzugrenzen ist diese Gläubigerposition gegenüber der Teilhaberposition, wie bei *equity stakes* noch zu zeigen sein wird.
Eine weitere Schwierigkeit liegt darin, daß amerikanische oder andere ausländische Wertpapiere nicht unbedingt ein Äquivalent im Deutschen haben. Man übernimmt dann den entsprechenden englischen Terminus. So spricht man vom deutschen Rentenmarkt und vom US-Bondmarkt, von Exit-Bonds und Junk-Bonds, selbst „Null-Kupon-Anleihen" für Zero-Bonds werden in Fachkreisen vermieden.
to exchange loans for bonds. „Darlehen in Wertpapiere umtauschen" würde im Deutschen keinen Sinn geben. Gemeint ist hier die Rückzahlung der Kredite bei den Geschäftsbanken, das Kapital dafür besorgt man sich auf dem Kapitalmarkt durch Ausgabe von festverzinslichen Wertpapieren. Oder die aufgenommenen Kredite werden durch Wertpapiere verbrieft, also „für die Darlehen festverzinsliche Wertpapiere ausgeben".

7 „*junk debt*". Analog zu den Junk-Bonds (hochspekulative, aber auch hochverzinsliche Anleihen) könnte man die Formulierung „sogenannte Junk-Schulden" vorschlagen mit einer kurzen Erklärung. „Müllanleihen" für Junk-Bonds tragen im Deutschen nicht zur Verdeutlichung bei.

8 *interest* deckt eine Reihe von Bedeutungsvarianten ab; die jeweilige Bedeutung kann oft nur im Kontext erschlossen werden:

to take/to feel an interest in sb/sth	sich für jdn/etwas interessieren
interest on an investment	Zinsen aus einer Kapitalanlage
an interest in the company	eine Beteiligung an einer Firma haben

[9] *note* bietet ebenfalls eine Palette von Bedeutungen:

to take notes	Notizen machen
a man of note	ein bedeutender Mann
to play the right note	richtig spielen
a note of nostalgia	eine nostalgische Note
a £ 5 note	eine Fünfpfundnote/-schein
promissory note	Solawechsel, Eigenwechsel
a note is also a type of debt security	Schuldverschreibung

Durch das Demonstrativpronomen *those* kann es sich hier nur um ein Synonym für *bonds* handeln. Es bleibt von den Bedeutungsmöglichkeiten nur „Schuldverschreibungen" oder allgemein „Wertpapiere".

[10] *commercial bank debt* – Schulden *bei* den Geschäftsbanken (s. Anhang S. 83)

[11] *to reschedule* – umschulden (den alten Kreditvertrag durch einen neuen ersetzen, der evtl. neue Bedingungen, z. B. andere Tilgungsraten, enthält)

[12] *private bank loans* – Darlehen *von* Privatbanken (s. Anhang S. 83)
a reduction of loans klingt sowohl im Englischen als auch im Deutschen eigenartig, man könnte meinen, die Darlehen werden gekündigt oder nicht mehr verlängert. Das Problem liegt in der Verwendung von loan/„Darlehen", gemeint sind hier „Schulden/Verbindlichkeiten".
Es gibt zwei Lösungsmöglichkeiten:
1. eine Reduzierung der Verbindlichkeiten von 15 Hauptschuldnerländern gegenüber Privatbanken.
2. eine Reduzierung der Forderungen der Privatbanken an 15 Hauptschuldnerländer.

[13] private bank loans *owed by 15 major debtor countries*. Der durch das Partizip Perfekt verkürzte Relativsatz im Englischen ist im Deutschen am besten durch eine Präpositionalphrase „Darlehen von Privatbanken an 15 Hauptschuldnerländer" wiederzugeben.

[14] *instead of forgiving loans* – anstelle eines Schuldenerlasses. Auch hier wird *loan* im Sinne von *debt* verwendet.

[15] *equity stakes* – Beteiligungen am Eigenkapital (s. Anhang S. 83)
bankers are swapping debt for equity stakes.
Wenn wir übersetzen „wandeln Schulden in Beteiligungen am Eigenkapital um", dann haben wir die rechtliche Position der Banken und der Entwicklungsländer vermischt. Die Banken haben Darlehen vergeben, sie sind damit Gläubiger.

Diese Gläubigerposition tauschen sie nun gegen die Teilhaberposition ein, weil nach diesem Swap ihnen ein Teil der entsprechenden Firma gehört, die Forderungen werden in Beteiligungen umgewandelt (s. a. S. 43 *,bad debts'*).

16 *local companies.* „In örtlichen Unternehmen" ist stilistisch nicht akzeptabel, hier bietet sich wiederum eine präpositionale Ergänzung statt des Adjektivs an: „Unternehmen *in* den Schuldnerländern" (s. Anhang S. 82 f.)

17 *loans* wird hier austauschbar mit *debts* im Sinne von „Forderungen" verwendet.

18 *payments on the loan.* Es geht nicht genau hervor, ob mit diesen Zahlungen die Zinsen oder die Tilgungen oder beides gemeint sind. Tilgungszahlung im Englischen wäre *debt payment* und nachdem im Text fast durchweg *debt* und *loan* austauschbar verwendet wurde, ist anzunehmen, daß hier die Tilgungszahlungen gemeint sind.

Kleines Schuldenglossar

lending	Kreditgewährung
to lend	Kredit gewähren
lender	Kreditgeber
borrowing	Kreditaufnahme
to borrow	Kredit aufnehmen
borrower	Kreditnehmer
to service debt	Schulden bedienen
debt servicing (interest and principal payment)	Schuldendienst leisten (Zinsen und Tilgung)
to repay	zurückzahlen/tilgen
maturity	Fälligkeit
debtor country	Schuldnerland
creditor country	Gläubigerland
debt load/burden	Schuldenlast
highly indebted/debt-ridden/debt-laden	hoch verschuldet
insolvency	Insolvenz
to contain the debt crisis	die Schuldenkrise begrenzen
to solve the debt problem	das Schuldenproblem lösen
temporary/bridging loan, a bridge loan	Überbrückungsdarlehen/-kredit
to extend a loan	Darlehen/Kredit verlängern
to stretch out repayment	Tilgung verlängern
to grant respite	Stundung gewähren
debt relief	Schuldenerlaß
debt cancellation	Schuldenerlaß
debt forgiveness	Schuldenerlaß

to forgive debts	Schulden erlassen
to write off debt	Forderungen abschreiben
to default on a debt	zahlungsunfähig werden
to be in arrears	mit Zahlungen im Rückstand sein
to be $ 2 bn in the red	mit 2 Mrd. $ im Rückstand sein
to be in dept up to one's scalp	bis über den Hals in Schulden stecken
loans turn sour	Kredite werden notleidend
nonperforming loans	notleidender Kredit
bad debts	uneinbringliche Forderungen
old debt	Altschulden

Übersetzungsvorschlag

(...) Erlaßt uns unsere Schulden

Aber wie sollten die Schulden der Dritten Welt vermindert werden? Auf der Tagung der Weltbank und des Internationalen Währungsfonds präsentierten die Japaner einen generellen Plan. Die Kreditnehmer würden danach für die aufgenommenen Darlehen langfristige festverzinsliche Wertpapiere ausgeben, inoffiziell spricht man von „Junk-Schulden" (der Schuldner ist also nicht von erstklassiger Bonität). Die Zinsen für diese Wertpapiere würden durch eigens vom IWF eingerichtete Fonds garantiert werden, obwohl das Geld von den Schuldnerländern kommen würde. Die restlichen Schulden bei den Geschäftsbanken würden umgeschuldet werden. (...) Die Konferenz über Handel und Entwicklung d. Vereinten Nationen macht einen weit radikaleren Vorschlag: eine sofortige Reduzierung der Verbindlichkeiten von 15 Hauptschuldnerländern gegenüber Privatbanken in Höhe von 30%. (...) Anstelle des Schuldenerlasses wandeln Banken ihre Forderungen in Beteiligungen am Eigenkapital von Unternehmen in den Schuldnerländern um. (...) Einige Forderungen werden von Organisationen übernommen, die um das Wohlergehen der Entwicklungsländer besorgt sind. Conservation International, z. B., übernahm von Citicorp Forderungen an Bolivien in Höhe von $ 650,000 mit einem Abschlag zum Preis von $ 100,000. Eine gemeinnützige Organisation hat anstelle von Tilgungszahlungen einen Wildpark im Amazonasbecken geschaffen, für den die bolivianische Regierung sich bereiterklärt hat, die Verantwortung zu übernehmen.
(...)

Thema: Konjunkturindikatoren

The bouncy dollar (part 1)

That trade headache isn't cured yet

America's economy continues to confound. A glance at this year's figures shows that growth is still solid, investment is booming and unemployment has fallen to a 14-year low of 5.3%. Yet the rate of inflation, as measured by the rise in unit wage costs, remains modest. Best of all, America's trade deficit seems to be shrinking faster than expected: in the first five months of this year, the value of exports was 31% higher than in the same period of 1987, compared with a 12% rise in imports. If these trends were to continue, the deficit on merchandise trade would vanish by 1990 – having been a stomach-churning $ 170 billion in 1987. Even on more modest assumptions, a trade gap of less than $ 100 billion next year no longer looks implausible.

| The bouncy[1] dollar

der unberechenbare Dollar
Der schwankende Dollarkurs
Der unbeständige Dollar(kurs)
Der instabile Dollar(kurs)
Das ständige Auf und Ab des Dollar

| That trade headache isn't cured yet[2].

Die Krise im Handel ist noch nicht recht überwunden.
Die Schwachstelle im Handel ist noch nicht repariert.
Die Schwierigkeiten im Handel sind noch nicht beseitigt.
Der Handel steht immer noch auf wackeligen Beinen.
Das Problem des Handelsbilanzdefizits ist immer noch nicht gelöst.
Dem Handelsbilanzdefizit war noch nicht beizukommen.

| America's economy continues to confound[3].

Amerikas Wirtschaft ist immer noch ein Verwirrspiel.
Amerikas Wirtschaft sorgt immer noch für Verwirrung.
Amerikas Wirtschaft gibt immer noch Rätsel auf.

| A glance at this year's figures shows that growth is still solid[4], investment is booming[5] and unemployment has fallen to a 14-year low of 5.3%[6].

Ein Blick auf die diesjährigen Zahlen zeigt kräftiges Wachstum, stark steigende Investitionen und eine Arbeitslosigkeit, die auf 5,3%, einen Tiefstand seit 14 Jahren, gesunken ist.
Ein Blick auf die diesjährigen Zahlen zeigt, daß das Wachstum stabil ist, die Investitionen stark zunehmen und die Arbeitslosigkeit auf einen seit

14 Jahren niedrigsten Stand von 5,3% gesunken ist.

> Yet the rate of inflation, as measured by the rise in unit wage costs[7], remains modest[8].

Und dennoch bleibt die Inflationsrate, gemessen am Anstieg der Lohnstückkosten, weiterhin niedrig.

> Best of all, America's trade deficit seems to be shrinking[9] faster than expected.

Und was das Beste ist, Amerikas Handelsbilanzdefizit scheint schneller als erwartet zu sinken/schrumpfen/zurückzugehen.

> In the first five months of this year, the value of exports[10] was 31% higher than in the same period of 1987, compared with a 12% rise in imports.

In den ersten 5 Monaten dieses Jahres waren die Exporte dem Wert nach/wertmäßig um 31% höher als im gleichen Zeitraum 1987 verglichen mit/im Vergleich zu einem Anstieg der Importe von 12%.
In den ersten 5 Monaten dieses Jahres waren die Exporte dem Wert nach/wertmäßig um 31% höher als im glei-

chen Zeitraum 1987. Die Importe dagegen stiegen um 12%.

> If these trends were to continue, the deficit on merchandise trade would vanish by 1990 – having been a stomach-churning $ 170 billion in 1987[11].

Sollte dieser Trend/diese Entwicklung/sollten diese Trends/diese Entwicklungen anhalten, so würde das Warenhandelsdefizit/das Handels(bilanz)defizit bis 1990 verschwinden/abgebaut sein und das, nachdem das Defizit sich 1987 auf bedenkliche/beunruhigende/besorgniserregende $ 170 Mrd belaufen hat/eine bedenkliche/besorgniserregende/beunruhigende Höhe von $ 170 Mrd erreicht hat.

> Even on more modest assumptions, a trade gap of less than $ 100 billion next year no longer looks implausible.

Sogar noch vorsichtigeren/bescheideneren Annahmen/Schätzungen/Prognosen zufolge scheint ein Handelsbilanzdefizit von weniger als $ 100 Mrd gar nicht so unmöglich zu sein/nicht mehr unvorstellbar/durchaus im Bereich des Möglichen/nicht mehr unwahrscheinlich zu sein.

Erläuterungen zum Text

[1] *bouncy*. Im Bereich Devisen, Wertpapiere und Börsen findet man im Englischen eine noch blumigere Sprache als im Deutschen. Für den Übersetzer bedeutet dies, nach entsprechenden Kollokationen im Deutschen zu suchen. Eine wörtliche oder möglichst textnahe Übersetzung ist nicht unbedingt erstrebenswert.

[2] Hier gibt es zwei Möglichkeiten der Übersetzung:

a. Man versucht, das Bild nachzuzeichnen:
„Der Handel bereitet immer noch Kopfschmerzen", wobei man hier eine semantische Nuancenverschiebung in Kauf nimmt, das Moment „Heilung" und damit das Aufzeigen eines möglichen positiven Ausgangs entfällt im Deutschen; oder

b. Man geht vom Bild weg, übersetzt frei, aber erst nachdem man sich über den Inhalt des nachfolgenden Textes völlig im klaren ist.

3 Die nominale Konstruktion ist hier aus stilistischen Gründen der verbalen vorzuziehen.

4 *growth is solid.* Die prädikative Verwendung von „solide" ist in diesem Kontext im Deutschen nicht möglich. Entweder übersetzt man *solid* mit „stabil": „Das Wachstum ist stabil" oder man verwendet *solid* attributiv, „solides Wachstum", wobei die Kollokation „kräftiges Wachstum" weit häufiger zu finden ist (s. u. Adjektiv „strong" Text 5, Part 2, Anmerkung Nr. 8).

5 *investment is booming.* Analog zum vorherigen Indikator ist hier eine prädikative oder attributive Verwendung von *booming* möglich
die Investitionen nehmen stark zu/steigen stark an
kräftig steigende Investitionen/kräftige Ausweitung der Investitionen/kräftige Expansion der Investitionen/boomende Investitionen
Beachte folgende Kollokationen im Deutschen:

trade is booming	der Handel nimmt einen Aufschwung/boomt/blüht/floriert
business is booming	das Geschäft blüht/floriert
prices are booming	Preise ziehen an/schnellen in die Höhe

6 *unemployment has fallen to a 14-year low of 5.3%.*
Die Arbeitslosigkeit ist auf 5,3% gesunken/gefallen, den niedrigsten Stand seit 14 Jahren.
Die Arbeitslosigkeit ist auf den seit 14 Jahren niedrigsten Stand von 5,3% gesunken.
Die Arbeitslosigkeit ist auf 5,3% gesunken, einen Tiefstand seit 14 Jahren.
Die Arbeitslosigkeit ist mit 5,3% auf einen Tiefstand/Tiefststand/niedrigsten Stand seit 14 Jahren gesunken.
Die Arbeitslosigkeit ist auf 5,3% – die niedrigste Arbeitslosenziffer seit 14 Jahren – gesunken.

7 *unite wage costs.* Lohnstückkosten, der Teil der Lohnkosten, der auf eine produzierte Einheit, ein Stück entfällt.

8 *the rate of inflation... remains modest* – die Inflationsrate bleibt weiterhin niedrig/moderat.
Beachten Sie folgende Kollokationen im Deutschen:

inflation rate	Inflations*rate*
interest rate	Zins*satz*
tax rate	Steuer*satz*
exchange rate	Wechsel*kurs*
utilisations rate	Auslastungs*grad*

9 *a trade deficit shrinks/falls/narrows/improves*   Handels(bilanz)defizit verringert sich

a trade deficit widens   Handelsbilanzdefizit vergrößert sich

10 *value of exports* – Wert der Exporte/die Exporte dem Wert nach/wertmäßig. Abgrenzung gegenüber *volume* s. Anhang S. 84 f.

11 *a stomach-churning $ 170 billion.* Eine wörtliche Übersetzung ist hier wiederum unangebracht. Möglich wäre:
bedenkliche/besorgniserregende/beunruhigende 170 Mrd $
eine bedenkliche/besorgniserregende/beunruhigende Höhe von 170 Mrd $
(s. Anhang S. 78).

Übersetzungsvorschlag
Das ständige Auf und Ab des Dollar (Teil 1)
Der Handel bereitet immer noch Kopfschmerzen

Amerikas Wirtschaft ist immer noch ein Verwirrspiel. Ein Blick auf die diesjährigen Zahlen zeigt kräftiges Wachstum, stark steigende Investitionen und eine Arbeitslosigkeit, die auf 5,3%, einen Tiefstand seit 14 Jahren, gesunken ist. Und dennoch bleibt die Inflationsrate, gemessen am Anstieg der Lohnstückkosten, weiterhin niedrig. Und was das Beste ist, Amerikas Handelsbilanzdefizit scheint schneller als erwartet zu sinken: In den ersten 5 Monaten dieses Jahres waren die Exporte dem Wert nach um 31% höher als im gleichen Zeitraum 1987, die Importe dagegen stiegen um 12%. Sollte dieser Trend anhalten, so würde das Warenhandelsdefizit bis 1990 abgebaut sein und das, nachdem das Defizit sich 1987 auf besorgniserregende $ 170 Mrd belaufen hat. Sogar noch vorsichtigeren Prognosen zufolge scheint ein Handelsbilanzdefizit von weniger als $ 100 Mrd gar nicht mehr so unmöglich zu sein.

The bouncy dollar (part 2)   Arbeitszeit: **30 Minuten**

Probe a little deeper and the recent figures still look good. The reduction in the trade deficit has come through an export boom, not from imports being cut as part of a slump in domestic demand. More important, the composition of domestic demand now looks healthier. The growth in consumer spending has slowed a bit, and investment has picked up. So the buoyancy of imports this year reflects not strong consumer demand, but strong investment. In the five months to May imports of capital goods were 24% higher than in the same period of

1987; consumer goods were only 5% up. This investment will help to boost capacity, making it easier to meet export demand.

Probe a little deeper and the recent figures still look good.

Sogar wenn man genauer hinsieht, geben die jüngsten Zahlen immer noch ein gutes Bild ab/
...sehen die Zahlen immer noch gut aus.

The reduction in the trade deficit[1] has come through an export boom, not from imports being cut[2] as part of a slump in domestic demand[3].

Der Rückgang/die Verminderung/die Reduzierung des Handels(bilanz)defizits ist zurückzuführen auf einen Exportboom und nicht auf den Rückgang der Importe, der teilweise bedingt war durch einen starken Rückgang/ein starkes Nachlassen der Binnennachfrage

More important, the composition of domestic demand now looks healthier[4].

Wichtiger jedoch ist, daß die Zusammensetzung der Binnennachfrage jetzt besser aussieht/sich jetzt verbessert hat.

The growth[5] in consumer spending has slowed a bit, and[6] investment has picked up.

Der Anstieg der Verbraucherausgaben/Konsumausgaben ist etwas zurückgegangen/die Verbraucherausgaben sind etwas weniger angewachsen und/aber die Investitionen haben zugelegt.

So the buoyancy[7] of imports this year reflects not strong consumer demand[8], but strong investment[9].

Der Anstieg der Importe in diesem Jahr spiegelt nicht eine große Verbrauchernachfrage wider, sondern hohe Investitionen.
Der Anstieg der Importe in diesem Jahr spiegelt nicht eine große Konsumgüter- sondern Investitionsgüternachfrage wider.

In the five months to May imports of capital goods[10] were[11] 24% higher than in the same period of 1987; consumer goods were only 5% up.

In den fünf Monaten bis Mai waren die Importe von Investitionsgütern um 24% höher als im Vorjahreszeitraum 1987; Konsumgüter/Verbrauchsgüter waren nur um 5% gestiegen.

This investment will help to boost[12] capacity making it easier to meet export demand.

Diese Investitionen werden dazu beitragen, daß die Kapazitäten erweitert werden und es dadurch einfacher wird, die Nachfrage des Auslandes zu befriedigen.

Erläuterungen zum Text

[1] *the reduction in the trade deficit* – der Rückgang/die Verminderung/die Reduzierung des Handels(bilanz)defizits.

„Senkung"/„Kürzung" wäre hier nicht möglich, denn es würde impliziert werden, daß dieser Vorgang bewußt eingeleitet wurde, meist von einem oder mehreren Entscheidungsträgern, (z. B. Steuern/Zinsen/Ausgaben senken) und das Ergebnis unmittelbar erreicht wird. Der Rückgang des Handelsbilanzdefizits ist aber die Folge von höheren Exporten, die wiederum bedingt waren durch die verschiedensten Beweggründe verschiedener Wirtschaftssubjekte.

[2] *... imports being cut ...* Hier handelt es sich um einen verkürzten Relativsatz, der aufgelöst werden kann *imports which were cut*. Wie beim Handelsbilanzdefizit geht es hier nicht um eine gezielte Maßnahme, sondern ebenfalls um eine Folgeerscheinung, die nachfolgend im Satz explizit benannt wird *a slump in domestic demand*.

[3] *a slump in domestic demand* – ein starker Rückgang der Binnennachfrage/der inländischen Nachfrage/Inlandsnachfrage (s. Text 6, Anmerkung 11).
Jede andere Übersetzung für *domestic demand* ist abzulehnen, es wäre nicht der fachterminologische Begriff.
Slump ohne präpositionale Ergänzung steht für *slump in growth* und bedeutet „Konjunkturrückgang"/„Wachstumsrückgang".

[4] *healthy* wird besonders in amerikanischen Konjunkturberichten sehr häufig verwendet und scheint für jede positive Entwicklung zu stehen, ganz gleich um welchen Indikator es auch geht.

Einige Beispiele:

The healthy increase of GNP is slightly slower than in the first quarter.	Der kräftige Anstieg des BSP ist etwas niedriger als im 1. Quartal.
Industrial output rose a moderate but healthy 0.4%	Die Industrieproduktion stieg um bescheidene aber nicht unbeträchtliche 0.4%.../stieg moderat, aber nicht unbeträchtlich um 0.4% an.
profits look less healthy	Gewinne sehen nicht günstig aus/sehen weniger günstig aus

[5] *growth*

a. ohne präpositionale Ergänzung:	Wachstum, d. h. Zunahme des Bruttosozialprodukts
growth slowed	das Wachstum verlangsamte sich
growth amounted to	das Wachstum belief sich auf

b. mit präpositionaler Ergänzung: Anstieg, Zunahme
Synonym für *increase*

growth of output Produktionsanstieg
growth of GNP Anstieg des BSP
growth of domestic demand Anstieg der Binnennachfrage
growth in consumer spending Anstieg der Verbraucherausgaben

6 Statt „und" wäre eine adversative Konjunktion logischer, weil die Konsumausgaben zwar angestiegen sind, jedoch nicht so stark wie früher, die Investitionen hingegen tendieren eindeutig nach oben: Der Anstieg der Konsumausgaben ist etwas zurückgegangen, *aber* die Investitionen haben zugelegt.

7 *buoyancy of imports* – der Anstieg der Importe.
Beachten Sie die verschiedenen Kollokationen von *buoyant* im Deutschen:

Economic conditions are buoyant. Die wirtschaftlichen Bedingungen sind günstig.

The economy has remained buoyant in 1988. Die Aufwärtsentwicklung der Wirtschaft setzt sich auch 1988 fort.

8 *strong consumer demand* – große/kräftige/hohe Verbrauchernachfrage.
Weitere Bedeutungsvarianten von *strong*:

The strong July employment report was surely the catalyst for the Fed's action. Der günstige Arbeitsmarktbericht war sicher der Katalysator für das Aktivwerden der Federal Reserve Bank.

Consumer demand still looks quite strong. Die Verbrauchernachfrage scheint noch immer anzuhalten/hoch zu sein.

Sales were strong in June. Der Umsatz/Absatz war im Juni hoch.

The economy is strong and is likely to stay that way for the rest of the year. Die Wirtschaftslage ist günstig und daran wird sich auch bis zum Jahresende nichts ändern.

The manufacturing sector is still strong. Im verarbeitenden Gewerbe ist die Lage immer noch günstig.

Job growth in June would have been strong even without the seasonal quirk. Die Zunahme der Beschäftigungszahlen wäre auch ohne saisonalen Einfluß beträchtlich gewesen.

Strong sales are helping to work down inventories. Hoher Absatz/hohe Verkaufszahlen trägt/tragen zum Abbau der Lagerbestände bei.

Fixed capital spending was stronger than expected. Die Anlageinvestitionen waren umfangreicher als erwartet.

⁹ Anstelle der wörtlichen Übersetzung bietet sich hier eine Parallele zwischen Konsumgütern und Investitionsgütern an.

[10] *Capital* ist nicht immer „Kapital" im Sinne von „finanziellen Mitteln"; bilanztechnisch gesprochen ist nicht nur die Kapitalherkunft gemeint, sondern auch die Kapitalverwendung z. B. für Investitionen (*fixed capital/fixed assets = Anlagegüter*).

capital goods	Investitionsgüter
capital equipment	
investment goods	
capital expenditure	Investitionsausgaben
capital spending	
investment expenditure	

[11] imports of capital goods *were 24% higher*; consumer goods *were 5% up* — ...waren *um* 24% höher; Konsumgüter waren *um* 5% gestiegen

[12] Beachten Sie die verschiedenen Kollokationen von *to boost* im Deutschen

to boost capacity	Kapazität erweitern
to boost the economy	Wirtschaft ankurbeln
to boost the interest rates	Zinssätze anheben, heraufsetzen
to boost cost of borrowing	Kreditkosten hochtreiben

Übersetzungsvorschlag

Das Auf und Ab des Dollar (Teil 2)

Sogar wenn man genauer hinsieht, geben die jüngsten Zahlen immer noch ein gutes Bild ab. Der Rückgang des Handelsbilanzdefizits ist zurückzuführen auf einen Exportboom und nicht auf einen Rückgang der Importe, der teilweise bedingt war durch einen starken Rückgang der Binnennachfrage. Wichtiger jedoch ist, daß die Zusammensetzung der Binnennachfrage jetzt besser aussieht. Der Anstieg der Konsumausgaben ist etwas zurückgegangen, aber die Investitionen haben zugelegt. Der Anstieg der Importe in diesem Jahr spiegelt nicht eine große Konsumgüter- sondern Investitionsgüternachfrage wider. In den fünf Monaten bis Mai waren die Importe von Investitionsgütern um 24% höher als im Vorjahreszeitraum 1987; die Konsumgüter waren nur um 5% gestiegen. Diese Investitionen werden dazu beitragen, daß die Kapazitäten erweitert werden und es dadurch einfacher wird, die Nachfrage des Auslandes zu befriedigen.

Thema: Wirtschaftslage

West German economy facing external risks in 1988

The international collapse of share prices and the dollar's renewed weakness have left their mark on West Germany's economic prospects. Although there is no threat of recession in 1988, the likely real growth of 1½% is unsatisfactory; moreover, the years to follow will probably bear considerable risks. For this reason, economic policy must be geared to strengthening the domestic forces of expansion and, together with its partners abroad, West Germany has to work towards a reduction of the international imbalances while maintaining growth and stability. Over the past two years, the country's domestic demand has advanced more strongly than aggregate production. Net exports are declining and now represent only half their mid-1985 level. In real economic terms, West Germany's external surpluses are being pared down considerably, even though in nominal terms they continue to be high – due to the solid improvement in the country's terms of trade.

West German[1] economy[2] facing external risks[3] in 1988.

Auf die Bundesrepublik Deutschland kommen 1988 außerwirtschaftliche Risiken zu.

The international collapse[4] of share prices[5] and the dollar's renewed weakness have left their mark on[6] West Germany's economic prospects.

Der internationale Zusammenbruch der Aktienkurse und die erneute Schwäche des Dollar sind nicht ohne Auswirkung auf die Konjunkturaussichten der Bundesrepublik Deutschland geblieben.

Although there is no threat of recession[7] in 1988, the likely real growth[8] of 1½% is unsatisfactory.

Obwohl 1988 keine Rezession droht, ist dennoch das zu erwartende Realwachstum von 1½% unbefriedigend.

Moreover, the years to follow will probably bear considerable risks.

Darüberhinaus werden wahrscheinlich die nächsten Jahre beträchtliche Risiken mit sich bringen/... wird es in den nächsten Jahren beträchtliche Risiken geben/... werden in den nächsten Jahren beträchtliche Risiken auftreten.

For this reason, economic policy[9] must be geared to strengthening[10] the domestic forces of expansion[11] and, together with its partners abroad, West Germany has to work towards a reduction of the international imbalances[12] while maintaining growth and stability.

52

Aus diesem Grund muß die Wirtschaftspolitik darauf abzielen/darauf ausgerichtet werden, die Wachstumskräfte im Inland zu stärken und die Bundesrepublik Deutschland muß zusammen mit den Partnern im Ausland auf einen Abbau der internationalen Ungleichgewichte hinarbeiten und zugleich Stabilität und Wachstum sichern.

Over the past two years, the country's domestic demand has advanced more strongly than aggregate production.

Während der vergangenen zwei Jahre ist die Binnennachfrage/Inlandsnachfrage stärker gestiegen als die Gesamtproduktion.

Net exports[13] are declining and now represent only half their mid-1985 level[14].

Die Nettoexporte gehen momentan zurück und sind jetzt nur noch halb so hoch wie Mitte 1985.

In real economic terms[15], West Germany's external surpluses[16] are being pared[17] down considerably, even though in nominal terms they continue to be high – due to the solid improvement in the country's terms of trade[18].

Real gesehen, werden die Zahlungsbilanzüberschüsse der Bundesrepublik Deutschland beträchtlich abgebaut, obwohl die nominalen Überschüsse aufgrund einer echten Verbesserung der Terms of Trade, weiterhin noch bleiben.

Erläuterungen zum Text

[1] *West German* – s. Text 1, Anmerkung Nr. 1.

[2] *economy* – s. Text 1, Anmerkung Nr. 4.

[3] *external risks* – außenwirtschaftliche Risiken.
Beachten Sie folgende Bedeutungsvarianten von *external*:

external imbalances	außenwirtschaftliches Ungleichgewicht
external accounts (syn. balance of payments)	Zahlungsbilanz
external deficit/surplus	Zahlungsbilanzdefizit/-überschuß
external demand	Außenhandelsnachfrage
external sales	Auslandsabsatz
external finance (syn. debt capital)	Fremdkapital
external tariff	Außentarif/Außenzoll
external trade	Außenhandel

[4] *collapse of share prices* – Zusammenbruch/Verfall/Sturz/Einbruch der Aktienkurse.

5 *share prices* – Aktien*kurse*. Auch wenn „Kurs" definiert ist als „Preis" für eine ausländische Währungseinheit und in der Presse auch gelegentlich der Begriff „Aktienpreise" auftaucht, so ist doch der Fachbegriff „Aktienkurse".

6 *to leave one's mark on sth.* Sowohl die wörtliche Übersetzung „einer Sache einen Stempel aufdrücken", als auch „Spuren hinterlassen" passen hier stilistisch nicht so gut, zumal bei letzterem eine Präposition angeschlossen werden muß und diese in jedem Fall etwas schief klingt.
Die elegantere Übersetzung wäre „sind nicht ohne Auswirkungen geblieben".

7 *although there is no threat of recession.* Hier bietet sich statt der nominalen eine verbale Konstruktion an: „obwohl keine Rezession droht".

8 *real growth* – Realwachstum, reales Wachstum.
„Reele" in diesem Zusammenhang wäre falsch, auch wenn es diesen Begriff im Sinne von „tatsächlich/wirklich" gibt. „Real/nominal" siehe Anhang S. 84 ff.
the likely real growth of 1½%. „likely" im Sinne von „wahrscheinlich" ordnet man im Deutschen am besten der Zahl zu: „das Realwachstum von wahrscheinlich 1½%" oder man ersetzt „likely" durch „zu erwartendes": „das zu erwartende Realwachstum von 1½%".

9 *economic policy* – Wirtschaftspolitik, Konjunkturpolitik.
Der Zusammenhang zwischen beiden Phänomenen sollte durch nachfolgende Graphik aufgezeigt werden:

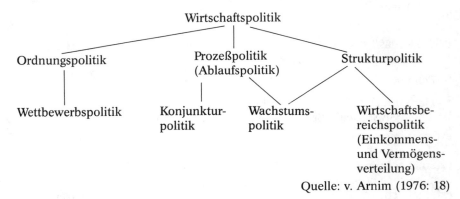

Quelle: v. Arnim (1976: 18)

10 *to strengthen.* Das Verb *to strengthen* bereitet bei Übersetzungen nicht so viel Schwierigkeiten wie das Substantiv *strength*. Das Substantiv wird v. a. in Konjunkturberichten sehr oft verwendet und muß sehr viel abdecken.
Dazu einige Übersetzungsbeispiele für *strength*:

The economy is still displaying surprising strength.	Die Wirtschaft zeigt immer noch eine überraschend kräftige Aufschwungtendenz/Aufwärtsentwicklung.

Higher US-interest rates will tend to push the $ up, and that could threaten the economy's main source of strength.	Höhere Zinsen in Amerika werden den Dollar nach oben treiben und das könnte eine Gefahr für die Hauptantriebskraft der Wirtschaft sein.
Higher disposable income explains the recent strength in the consumer sector.	Höheres verfügbares Einkommen ist die Erklärung für die starke Konsumnachfrage in jüngster Zeit.

11 *domestic forces of expansion.* Hierbei ist zu beachten, daß *forces of expansion* zusammengehört: „Wachstumskräfte/Expansionskräfte". *Domestic* signalisiert, daß diese Kräfte vom Inland ausgehen. Es handelt sich also um „Wachstumskräfte im Inland". „Binnenkräfte des Wachstums" würde keinen Sinn ergeben und „Binnenwachstumskräfte" ist aus stilistischen Gründen abzulehnen. Dazu einige feststehende Fachtermini:

domestic capital	Inlandskapital
domestic competition	inländische Konkurrenz
domestic consumption	Inlandsverbrauch
domestic currency	Binnenwährung
domestic demand	Binnennachfrage
domestic economy	Binnenwirtschaft
domestic flight	Inlandsflug
domestic income	inländische Einkünfte
domestic labour market	inländischer Arbeitsmarkt
domestic port	Inlandshafen
domestic price	Binnenmarktpreis
domestic science	Hauswirtschaftslehre

Expansion kann auch verwendet werden im Sinne von *business expansion* = Konjunkturaufschwung. Man bezieht sich damit auf eine Konjunkturphase, die ihrerseits durch eine Zunahme des Bruttosozialprodukts, also Wachstum festgemacht wird. Will man sich nicht auf eine Konjunkturphase festlegen, oder ist im Kontext darüber nichts ausgesagt, so ist es besser, mit dem breiteren Begriff „Wachstum/Expansion" zu übersetzen.

12 *reduction of international imbalances.* Mit *international imbalances* sind hier Zahlungsbilanzungleichgewichte gemeint. Einige Länder, wie z. B. die Bundesrepublik Deutschland, müssen ihren Zahlungsbilanzüberschuß ausbauen, die USA ihr Zahlungsbilanzdefizit. Hier handelt es sich zwar um Vorgänge, die bewußt eingeleitet werden im Vergleich zu *reduction in the trade deficit.* S. Text 5/2, Anmerkung 1. *Reduction* kann aber hier nur mit „Abbau/Verringerung/Reduzierung" übersetzt werden, weil die Staaten jeweils nur mittelbar darauf hinwirken können, durch Zölle, Subventionen, Quoten etc. (s. a. Kollokationen von *to cut* Text 1, Anmerkung 6)

13 *net exports* – Nettoexporte. Das ist der Unterschied zwischen dem Wert der Exporte und dem Wert der Importe.

[14] *level.*

In obigem Satz braucht man *level* nicht wörtlich wiederzugeben: „sind nur noch halb so hoch wie Mitte 1985."

Da dieser Ausdruck in Konjunkturberichten sehr häufig vorkommt, sollten hier ein paar Übersetzungsmöglichkeiten angeführt werden:

Interest rates have reached their highest level now.	Die Zinsen haben nun ihren Höchststand/ihr höchstes Niveau erreicht.
The index has been bouncing up and down for about six months. November's level was below the June mark.	Der Index bewegt sich seit 6 Monaten auf und ab. Im November sank er unter den Stand des Juni.
Industry was using 83% of its production capacity in July. That's the highest level since March, 1980.	Die Industrie lastete im Juli ihre Produktionskapazitäten zu 83% aus. Das ist der höchste Auslastungsgrad seit März 1980.
The federal funds rate seems to have settled just under 7.4%, a level the Fed can live with for a while.	Die Federal Funds Rate (Satz für Tagesgeld/Geldmarktsatz/Leitzins des Geldmarktes) scheint sich unter 7,4% eingependelt zu haben, ein Zinssatz, mit dem die Fed (amerikanische Zentralbank) eine Zeit lang leben kann.
Orders went back to normal levels.	Die Aufträge fielen auf normale Größenordnung zurück.
Firms face a high level of demand.	Firmen stehen einer hohen Nachfrage gebenüber.

[15] *in real economic terms/in nominal terms* (siehe Anhang S. 84 ff.)

[16] *external surplus* – Zahlungsbilanzüberschuß, s. a. Anmerkung Nr. 3.

[17] *to pare down.* In Konjunkturberichten findet man zunehmend diese sog. *phrasal verbs.* Für den Übersetzer ist es oft gar kein Nachteil, wenn er die Grundbedeutung dieser Verben nicht kennt. Er muß nur die Tendenz erkennen und dann im Deutschen die entsprechende Kollokation zuordnen.

to pare down an external surplus	einen Überschuß abbauen, reduzieren (s. Anhang S. 76 f.)

[18] *terms of trade* – Terms of Trade/ToT/reales Austauschverhältnis/Austauschrelationen. Es gibt verschiedene Terms of Trade-Konzepte; im einfachsten Fall sind sie definiert als das prozentuale Verhältnis des Index des Ausfuhrpreises zu dem des Einfuhrpreises.

Beispiel:
Die Bundesrepublik liefert nur Maschinen in Land A und importiert nur Öl aus diesem Land. Die Länder tauschen also Maschinen gegen Öl. Für ein Auto zu

10.000 $ erhält die Bundesrepublik 156 Faß Öl zu 10.000 $. Nun steigen die Ölpreise, für ein Auto können nur noch 153 Fässer Öl importiert werden. Die ToT haben sich für die Bundesrepublik verschlechtert, sie muß mehr exportieren, um die gleiche Menge wie früher importieren zu können.

Übersetzungsvorschlag

Auf die Bundesrepublik Deutschland kommen 1988 außenwirtschaftliche Risiken zu

Der internationale Zusammenbruch der Aktienkurse und die erneute Schwäche des Dollar sind nicht ohne Auswirkung auf die Konjunkturaussichten der Bundesrepublik Deutschland geblieben. Obwohl 1988 keine Rezession droht, ist dennoch das zu erwartende Realwachstum von 1½% unbefriedigend. Darüber hinaus werden wahrscheinlich die nächsten Jahre beträchtliche Risiken mit sich bringen. Aus diesem Grund muß die Wirtschaftspolitik darauf abzielen, die Wachstumskräfte im Inland zu stärken und die Bundesrepublik Deutschland muß zusammen mit den Partnern im Ausland auf einen Abbau der internationalen Ungleichgewichte hinarbeiten und zugleich Stabilität und Wachstum sichern. Während der vergangenen 2 Jahre ist die Binnennachfrage stärker gestiegen als die Gesamtproduktion. Die Nettoexporte gehen momentan zurück und sind jetzt nur noch halb so hoch wie Mitte 1985. Real gesehen, werden die Zahlungsbilanzüberschüsse der Bundesrepublik Deutschland beträchtlich abgebaut, obwohl die nominalen Überschüsse aufgrund einer echten Verbesserung der Terms of Trade weiterhin hoch bleiben.

Text 7

Schwierigkeitsgrad: **mittel–schwer**
Arbeitszeit: **30 Minuten**

Thema: Investitionen

Part 1

Business investment looks set to take over as the engine of growth in many industrial economies this year. This may be the best reason for expecting non-inflationary growth to continue.

The OECD thinks real GNPs in the industrialised world will grow by an average of 3% this year; in its December forecast, prepared in the wake of the stockmarket crash, it was forecasting growth of only 2¼%. Much of the organisation's newfound optimism lies with stronger-than expected fixed capital spending by businesses. Last December the OECD pencilled in an average rise in business investment of less than 4% in the big seven OECD countries; in its latest "Economic Outlook" it expects investment in them to grow by as much as 9%.

Business investment[1] looks set[2] to take over as[3] the engine of growth[4] in many industrial economies[5] this year.

Allem Anschein nach sind heuer die Unternehmensinvestitionen der Wachstumsmotor in den Industrieländern.

This may be the best reason for expecting non-inflationary growth to continue[6].

Dies mag der beste Grund dafür sein, daß man weiterhin inflationsfreies Wachstum erwartet.

The OECD[7] thinks[8] real GNPs[9] in the industrialised world[10] will grow by an average of 3% this year;

Nach Meinung der OECD wird in diesem Jahr in den Industrieländern das jeweilige BSP durchschnittlich um 3% wachsen.

In its December forecast, prepared in the wake of the stockmarket crash[11], it was forecasting growth of only 2¼%.

In ihrer Dezemberprognose/-vorhersage, die noch unter dem Einfluß des Börsenkrachs stand, sagte sie ein Wachstum von nur 2¼% vorher/prognostizierte sie ein Wachstum von nur 2¼%.

Much of[12] the organisation's newfound optimism lies[13] with stronger-than expected[14] fixed capital spending[15] by businesses.

Der neugewonnene Optimismus der Organisation ist weitgehend darauf zurückzuführen, daß von den Unternehmen Anlageinvestitionen umfangreicher als erwartet durchgeführt wurden/getätigt wurden.
...daß Unternehmen Anlageinvestitionen umfangreicher als erwartet durchführten/tätigten.

Last December the OECD pencilled in[16] an average rise in business investment of less than 4% in the big seven OECD countries;

Vergangenen Dezember rechnete die OECD durchschnittlich mit einem Anstieg der Unternehmensinvestitionen von weniger als 4% in den sieben großen OECD-Ländern.

In its latest "Economic Outlook"[17] it expects investment in them to grow by as much as 9%.

In der jüngsten Prognose der OECD, „Economic Outlook", erwartet man in diesen Ländern einen Anstieg der Investitionen/Investitionsanstieg in Höhe von 9%.

Erläuterungen zum Text

[1] *business investment*. Man unterscheidet zwischen *business investment* (Unternehmensinvestitionen/gewerblichen Investitionen) und *private investment* (privaten Investitionen). Wird *investment (Investitionen) nicht näher be-*

stimmt, so sind im allgemeinen *business investment* gemeint (s. a. Bedeutungs-varianten von *business*, Text 3 Anm. 9).

2 *looks set.* Diese Verbalphrase ersetzt man im Deutschen am besten durch eine Adverbialphrase am Satzanfang „allem Anschein nach".

3 *to take over as...* – hier: „die Rolle übernehmen als/fungieren als" oder einfach „sind".

4 *engine of growth.* Dieses Bild ist ins Deutsche direkt übertragbar, man spricht auch im Deutschen vom „Wachstumsmotor". Der Begriff „Wachstumslokomo-tive" ist ungewöhnlich, man spricht aber gelegentlich von einer „Konjunkturlo-komotive". Die USA haben z. B. von der Bundesrepublik Deutschland erwartet, daß sie bei der Wirtschaftsankurbelung den Vorreiter machen und andere Län-der mitziehen sollte, also eine Art Lokomotive machen sollte.

5 *industrial economies.* Das sind „Länder" im Sinne von Volkswirtschaften, s. Text 1, Anmerkung Nr. 4.

6 Dieser Satz sieht auf den ersten Blick kompliziert aus, weil sich zwei gramma-tikalische Phänomene aneinanderreihen.
1. the reason *for* doing something
   (Präposition, die die „ing-Form" verlangt)
2. (one) *expect(s)* non-inflationary growth *to continue*
   (Infinitive mit „to" nach Verben des Zulassens/Veranlassens und Befehlens.)
Teil 1 kann man mit einem Nebensatz auflösen: „der Grund dafür, daß man etwas tut".
Teil 2 könnte man ebenfalls mit einem Nebensatz auflösen: „man erwartet, daß inflationsfreies Wachstum anhält".
Verbindet man Teil 1 und Teil 2, so muß eine Nebensatzkonstruktion aus stilisti-schen Gründen wegfallen, es bietet sich an, in Teil 2 statt des Verbs „anhalten" ein Adverb, nämlich „weiterhin" zu verwenden.

7 *OECD* – Organisation for Economic Cooperation and Development (Organi-sation für Wirtschaftliche Zusammenarbeit und Entwicklung). Sie umfaßt alle westlichen Industrieländer einschließlich USA, Kanada, Japan, Australien, so-wie Türkei, Griechenland, Spanien und Portugal. Sie hat 24 Mitglieder. Die Organisation widmet sich Fragen der Koordinierung von Konjunktur- und Wäh-rungspolitik, gegenseitiger Unterrichtung in wichtigen Wirtschaftsfragen und Förderung der Entwicklungshilfe.

8 *the OECD thinks.* Eine nominale Übersetzung entspricht eher dem sachlichen Stil einer Wirtschaftsübersetzung: „Nach Meinung der OECD" (s. Anhang S. 82)

9 *real GNPs = real gross national products*: total value of goods and services produced in a national economy over a particular period of time, usually one year. The GNP growth rate is the primary indicator of the status of the economy.

Im Deutschen kann der Plural schwer wiedergegeben werden. Jedoch leidet das Verständnis nicht darunter, wenn man mit „reales Bruttosozialprodukt", also im Singular übersetzt. Um zu betonen, daß kein gemeinsames Bruttosozialprodukt gemeint ist, kann man vom „jeweiligen BSP" sprechen.

10 *industrialised world.* Eine wörtliche Übersetzung ist hier nicht möglich. Dieser Ausdruck steht für *industrial countries/industrial economies.*

11 *stockmarket. Stock* kann u. a. eine Aktie (Dividendenpapier) oder eine Schuldverschreibung (festverzinsliches Papier) oder beides, ein Wertpapier, sein. Sollte es aus dem Kontext nicht klar hervorgehen, welcher Begriff gemeint ist, so ist es am ungefährlichsten, wenn man den Überbegriff wählt. In unserem Fall ist das „Wertpapier".
Stockmarket ist hier also „Wertpapiermarkt" und der ist wiederum gleichzusetzen mit „Wertpapierbörse".
stockmarket crash. An dieser Stelle zeigt sich wieder, wie wichtig für den Übersetzer Hintergrundwissen ist. Man hätte diese Stelle auch über den Begriff *crash* auflösen können, da dieser als Bezeichnung für den Börsenkrach im Oktober 1987 in den deutschen Sprachgebrauch eingegangen ist.

12 *much of.* Dieses Numerale ist im Deutschen am besten mit dem Adverb „weitgehend" wiederzugeben.

13 *lies with.* Diese Konstruktion kann aufgelöst werden durch einen Nebensatz „beruht darauf/ist darauf zurückzuführen, daß".

14 *stronger-than expected.* Zu *strong* s. Text 5/2 Anmerkung 8.
Stronger-than expected hat hier die Funktion eines attributiv gebrauchten Adjektivs, das im Deutschen durch eine Adverbiale abgedeckt werden kann: „umfangreicher als erwartet".

15 *fixed capital spending* – Anlageinvestitionen (s. a. *„capital"* Text 5/2, Anmerkung 10).

16 *to pencil in* – wörtlich: mit dem Bleistift zeichnen/schreiben. Im Kontext ist hier das Moment „veranschlagen/planen" gemeint. Nachdem die OECD selber keinen Einfluß auf die Investitionen ausüben kann ist „rechnen mit" hier wohl der bessere Ausdruck.

17 *„Economic Outlook".* Es handelt sich hier um eine Veröffentlichung der OECD, eine Prognose, die das OECD-Sekretariat alle 6 Monate für jeweils die nächsten 18 Monate erarbeitet. Man könnte also den Titel der Publikation als Eigenname belassen. In der Presse ist in diesem Zusammenhang gelegentlich von „Wirtschaftlichen Perspektiven" die Rede.

Übersetzungsvorschlag (Teil 1)

Allem Anschein nach sind heuer die Unternehmensinvestitionen der Wachstumsmotor in den Industrieländern. Dies mag der beste Grund dafür sein, daß man weiterhin inflationsfreies Wachstum erwartet. Nach Meinung der OECD wird in diesem Jahr in den Industrieländern das jeweilige BSP durchschnittlich um 3% wachsen. In ihrer Dezemberprognose, die noch unter dem Einfluß des Börsenkrachs stand, prognostizierte sie ein Wachstum von nur 2¼%. Der neugewonnene Optimismus der Organisation ist weitgehend darauf zurückzuführen, daß Unternehmen Anlageinvestitionen umfangreicher als erwartet durchführten. Vergangenen Dezember rechnete die OECD durchschnittlich mit einem Anstieg der Unternehmensinvestitionen von weniger als 4% in den sieben großen OECD-Ländern; in der jüngsten Prognose der OECD, „Economic Outlook", erwartet man in diesen Ländern einen Anstieg der Investitionen in Höhe von 9%.

Thema: Investitionen (part 2)   Arbeitszeit: **30 Minuten**

The biggest upward revisions are in North America and Japan. In the United States business investment is expected to rise by almost 10% this year – up from the measly 3% forecast at the end of 1987. This investment could provide the base for the higher exports that America needs if it is to balance its current account. For Japan, the OECD has doubled its forecast of the increase in capital spending to 10%, while Canada tops the league with business investment expected to rise by a heady 17%, partly fuelled by the prospect of Canada's free-trade agreement with America.

The biggest upward revisions[1] are in[2] North America and Japan.

Die größten Anpassungen nach oben ergeben sich für Nordamerika und Japan.
Die größten Anpassungen nach oben. müssen für Nordamerika und Japan vorgenommen werden.
Am meisten nach oben korrigiert wurden die Zahlen für Nordamerika und Japan.

In the United States business investment is expected to rise by almost 10% this year – up from[3] the measly[4] 3% forecast at the end of 1987.

In den USA erwartet man heuer einen Anstieg der Unternehmensinvestitionen um fast 10%, im Vergleich zu/ gegenüber/lediglich/nur 3%, die Ende 1987 prognostiziert wurden.
In den USA erwartet man heuer einen Anstieg der Unternehmensinvestitionen um fast 10%. Ende 1987 prognostizierte man lediglich/nur 3%.
Ausgehend von lediglich 3%, die Ende 1987 prognostiziert wurden, erwartet man heuer in den USA einen Anstieg von fast 10%.

This investment could provide the base for the higher exports that America needs if it is to balance[5] its current account[6].

Diese Investitionen könnten die Grundlage/Basis für höhere Exporte schaffen/bilden, die Amerika braucht/benötigt, wenn es seine Leistungsbilanz ausgleichen will.

For Japan, the OECD has doubled its forecast of the increase in capital spending[7] to 10%, while Canada tops the league with business investment expected to rise by a heady[8] 17%, partly fuelled by the prospect of Canada's free-trade agreement with America.

Für Japan hat die OECD ihre Prognose für den Anstieg der Investitionen auf 10% verdoppelt...
Was Japan betrifft, so hat die OECD ihre Prognose für den Anstieg der Investitionen auf 10% verdoppelt, während Kanada an erster Stelle steht; hier erwartet man einen Anstieg der Unternehmensinvestitionen um ganze 17%, teilweise bedingt durch die Aussicht auf Kanadas Freihandelsabkommen mit Amerika.

Erläuterungen zum Text

[1] upward revision/ downward revision	Anpassung nach oben Anpassung nach unten
revised upward	nach oben revidiert/angepaßt/korrigiert
revised downward	nach unten revidiert/angepaßt/korrigiert

[2] ... are in. Es ist gefährlich, diese Stelle wörtlich mit „gibt es in" zu übersetzen, weil man meinen könnte, daß die Berichtigungen von den einzelnen Ländern selbst vorgenommen wurden. Es handelt sich jedoch um Schätzungen der OECD hinsichtlich der einzelnen Länder (vgl. vorhergehender Satz und letzter Satz). Im Deutschen stellt die Präposition „für" einen eindeutigeren Bezug her.

[3] ... up from. Schwierigkeiten bei der Übersetzung machen die Partikel „up". Sind Zahlen angegeben, so kann man diese Partikel weglassen, weil im direkten Zahlenvergleich die Tendenz offensichtlich ist.
Grundsätzlich gibt es drei Übersetzungsmöglichkeiten:
a. man beginnt mit einem neuen Satz „...Ende 1987 erwartete man dagegen lediglich 3%." oder
b. man baut den Nachsatz in einen Nebensatz ein „...im Vergleich zu/gegenüber lediglich 3%, die Ende 1987 prognostiziert wurden." oder
c. man beginnt mit dem Nachsatz „Ausgehend von lediglich 3%... erwartet man heuer..." (s. a. Anhang S. 76 f.).

[4] measly 3%. Im Englischen wird hier eine sehr blumige Sprache verwendet. Sollen im Deutschen Zahlen kommentiert werden, so beschränkt man sich auf „nur" oder „lediglich". Soll eine hohe Zahl kommentiert werden, so kann man das durch „beachtliche" oder „ganze" zum Ausdruck bringen (s. a. Anhang S. 77 f.).

[5] *balance* – a. Rest (eines Kaufpreises) b. Saldo (eines Kontos) (account balance) Kontostand c. Kontoausgleich (accounts are in balance) d. Guthaben (credit balance)
to balance = ausgleichen/saldieren

[6] *current account* – a. Girokonto b. Leistungsbilanz
In diesem Fall kann es nur „Leistungsbilanz" sein, es handelt sich hier um außenwirtschaftliche Transaktionen, die Exporte sind hier explizit angesprochen.

[7] *capital spending*: s. Text 5/2, Anmerkung 10

[8] *heady*: s. Anmerkung 4

Übersetzungsvorschlag (Teil 2)
Die größten Anpassungen nach oben ergeben sich für Nordamerika und Japan. In den USA erwartet man heuer einen Anstieg der Unternehmensinvestitionen um fast 10%, gegenüber nur 3%, die Ende 1987 prognostiziert wurden. Diese Investitionen könnten die Basis für höhere Exporte schaffen, die Amerika braucht, wenn es seine Leistungsbilanz ausgleichen will. Für Japan hat die OECD ihre Prognose für den Anstieg der Investitionen auf 10% verdoppelt, während Kanada an erster Stelle steht; hier erwartet man einen Anstieg der Unternehmensinvestitionen um ganze 17%, teilweise bedingt durch die Aussicht auf Kanadas Freihandelsabkommen mit Amerika.

Text 8

Schwierigkeitsgrad: **mittel–schwer**
Arbeitszeit: **45 Minuten**

Thema: Europäische Währungseinheit

Prime Minister Margaret Thatcher takes a dim view of Europe's drive for economic integration, yet she leaves no doubt that she wants the City of London to remain the locus of power in European finance. To strengthen that role, Chancellor of the Exchequer Nigel Lawson announced on Aug. 2 that Britain will start selling large quantities of short-term government debt denominated in European currency units, or Ecus, to replace some of the dollars it now holds as foreign exchange reserves.
Lawson indicated that expanding and dominating the Ecu market will ensure that London, rather than such up-and-coming markets as Paris, Brussels, and Luxembourg, will remain the center of European currency trading as the Euro-

pean Community approaches its 1992 deadline for removing internal barriers to trade and finance. Thatcher O.K. 'd the measure though she opposes Britain's joining the West German-dominated European Monetary System and has rejected the idea of a single central bank or EC currency. (...)
Britain's move into Ecu finance still won't tie the pound's value to any other European currency. (...) Instead, Thatcher aims to enlist the Ecu in advancing Britain's goal of sustaining London's financial preeminence.

Prime Minister Margaret Thatcher takes a dim view of Europe's drive for economic integration, yet she leaves no doubt that she wants the City of London[1] to remain the locus of power[2] in European finance.

Premierministerin Margaret Thatcher hält nicht viel/hält wenig von Europas Streben nach wirtschaftlicher Integration, dennoch läßt sie keinen Zweifel an ihrem Wunsch, daß die Londoner City weiterhin das Machtzentrum der europäischen Finanzgeschäfte/Finanzwelt bleiben soll.

To strengthen that role, Chancellor of the Exchequer Nigel Lawson announced on Aug. 2 that Britain will start selling large quantities of short-term government debt[3] denominated in European currency units[4], or Ecus, to replace some of the dollars it now holds as foreign exchange reserves.

Um diese Rolle zu stärken, gab Schatzmeister Nigel Lawson am 2. August bekannt, daß Großbritannien umfangreiche Mengen kurzfristiger auf Europäische Währungseinheiten lautende Schatzwechsel, sog. ECUs, verkaufen wird, um einige der Dollarguthaben, die es nun als Devisenreserven hält, zu ersetzen.

Lawson indicated that expanding and dominating the Ecu market will ensure that London[5], rather than such up-and-coming markets as Paris, Brussels, and Luxembourg, will remain the center of European currency trading as the European Community approaches its 1992 deadline for removing internal barriers to trade and finance[6].

Lawson wies darauf hin, daß London durch Ausweitung des ECU-Marktes und durch das Einnehmen einer Vorrangstellung auf diesem Markt sicher eher als andere aufstrebende Märkte wie Paris, Brüssel und Luxemburg das Zentrum des europäischen Devisenhandels bleiben wird, in einer Zeit, da die EG 1992 ansteuert, das Jahr, in dem endgültig im Warenhandel und Kapitalverkehr die internen Hemmnisse beseitigt werden sollen.

Thatcher O.K.'d the measure though she opposes Britain's joining the West German-dominated European Monetary System and has rejected the idea of a single central bank[7] or EC currency.

Thatcher billigte die Maßnahme, obwohl sie gegen einen Beitritt Großbritanniens zum EWS, in dem die BRD eine dominierende Stellung einnimmt, ist und hat die Idee einer gemeinsamen Zentralbank oder gemeinsamen EG Währung abgelehnt.

Britain's move into Ecu finance[8] still won't tie the pound's value to any other European currency[9].

Großbritanniens Beteiligung an ECU-Finanzgeschäften wird immer noch nicht den Wert des Pfundes an irgendeine andere europäische Währung binden.

Instead Thatcher aims to enlist the Ecu in advancing Britain's goal of sustaining London's financial preeminence.

Statt dessen zielt Thatcher darauf ab, den ECU in die Maßnahmen miteinzubeziehen, die Großbritannien seinem Ziel, der Erhaltung der Vorherrschaft Londons auf dem Finanzmarkt, näherbringen soll.
... die GB's Ziel der Erhaltung der Vorherrschaft Londons auf dem Finanzmarkt vorantreiben soll.

Erläuterungen zum Text

[1] *City of London* ist nicht die Stadt London, sondern das Finanzzentrum mit der Bank of England und der Börse. Der Begriff wird entweder als Eigenname übernommen „City of London" oder man spricht von der „Londoner City".

[2] ... *she leaves no doubt that she wants the City of London to remain the locus of power.* Die Konstruktion Objekt + Infinitiv mit *to* läßt sich in der Regel mit einem Nebensatz auflösen „sie will, daß London Machtzentrum bleiben soll". Nur ist hier diese Konstruktion bereits Teil eines Nebensatzes *she leaves no doubt that*... und im Deutschen würde sich dann ergeben „Sie läßt keinen Zweifel daran, daß sie will, daß...". Um einen Nebensatz und damit eine Konjunktion zu vermeiden, bietet sich eine nominale Konstruktion an:
„Sie läßt keinen Zweifel an ihrem Wunsch, daß die Londoner City weiterhin das Machtzentrum bleiben soll."
oder eine präpositionale Konstruktion:
„Sie läßt keinen Zweifel daran, daß für sie die Londoner City weiterhin das Machtzentrum bleiben soll."

[3] *Great Britain sold short-term government debt.* Beim ersten Ansatz ist man versucht, *government debt* mit „Regierungsschulden" zu übersetzen. Es gibt zwar eine Reihe von Finanzinnovationen auf dem internationalen Finanzmarkt, aber diese Möglichkeit des Schuldenverkaufs wird es nie geben, weil es hier nur Anbieter, aber keine Nachfrager geben würde. Gemeint ist hier, daß der Staat als Schuldner auftritt und sich durch die Ausgabe von Wertpapieren finanzielle Mittel auf den Finanzmärkten besorgt.

[4] ... *short-term government debt denominated in European currency units.* Oft bieten sich deutsche Zeitungsartikel, die über das Phänomen berichten, als eine Art Wörterbuch an, besonders wenn es sich, wie hier, um ein Novum auf dem Markt handelt.

In der deutschen Presse konnte man im August 1988 folgende Bezeichnungen lesen:

Börsenzeitung, Frankfurt am Main 5. August 1988

„Selbst die britische Finanzwelt war überrascht, als nicht nur die erwarteten Einzelheiten einer neuen *Gilt-Auktion* vom Schatzamt bekanntgegeben wurde. Die Pläne, ab diesem Herbst *kurzfristige, auf Ecu lautende Schatzwechsel* im Gesamtvolumen von zunächst ein bis zwei Milliarden Ecu zu emittieren, ließen umgehend eine ganze Reihe von Spekulationen aufkommen."

Finanz- und Wirtschaftsspiegel, Eschborn 5. August 1988

„Die Meldung aus der Londoner City, die britische Regierung werde in *Ecu denominierte Schatzwechsel* emittieren machte und macht Aufsehen. Der währungspolitische Applaus aus EG-Brüssel klingt aber wenig überzeugend, auch wenn es offiziell in London heißt, daß die *Ecu-Bills* ein Beitrag zur engeren währungspolitischen Zusammenarbeit in der EG seien."

Gilt-edged securities oder *gilts* sind *Staatspapiere*; die Rückzahlung von Kapital und Zinsen werden vom Staat garantiert. Früher hat man die Staatsschulden in ein Buch mit goldenen Ecken eingetragen, deshalb die Bezeichnung *gilt-edged*.

Gilt-edged wird aber auch generell als Bezeichnung für erstklassige Wertpapiere verwendet. „Erstklassig" bedeutet, daß ein Unternehmen über Jahre hinweg eine gewisse Verläßlichkeit bezüglich der Dividenden- oder Zinszahlungen bewiesen hat. *Gilt-edged* wird eher in Verbindung mit festverzinslichen Wertpapieren verwendet, während für Aktien der Begriff *blue chip* üblicher ist.

Schatzwechsel (engl. *Treasury bills*) werden von der britischen Zentralbank (Bank of England) ausgegeben in einer Stückelung von £ 5.000,– bis £ 100.000. Tatsächlich schreibt die Times vom 4. August 1988:

„First reactions from Brussels to the Government's plans to issue Treasury bills denominated in European Currency Units were predictable."

Nun hat man nicht immer entsprechende englische Texte zur Verfügung. Für den Übersetzer besteht die Kunst oft darin, nicht das Falsche zu sagen. Es geht also darum, einen möglichst weiten bzw. neutralen Begriff zu finden. Die deutsche Presse behalf sich mit Wendungen wie:

– auf Ecu lautende Anlagen
– auf Ecu lautende Titel
– auf Ecu lautende Emissionen
– auf Ecu lautende kurzfristige Finanzinstrumente

---

5 *...that expanding and dominating the Ecu market will ensure that London...".* Die verbundene Partizipalkonstruktion wird meistens als Modal-, Temporal- oder Kausalbestimmung gebraucht. Im Deutschen entspricht dieser Konstruktion in der Regel entweder ein temporaler oder kausaler Nebensatz. In unserem Fall handelt es sich um eine Kausalbestimmung, die am besten durch eine nominale Konstruktion wiedergegeben wird. Das Subjekt muß im Deutschen vorgezogen werden.

6 *...removing internal barriers to trade and finance...*

barriers to trade	Handelshemmnisse, -schranken
barriers to entry	Marktzutrittsschranken
barriers to exit	Marktaustrittsschranken
barriers to growth	Wachstumsschranken
barriers to innovation	Innovationsschranken
barriers to investment	Investitionshemmnisse

finance wird hier im Sinne von „Kapital" verwendet, man könnte analog zu obiger Liste den Begriff „Kapitalschranken" prägen. Besser wäre jedoch eine präpositionale Wendung wie „die internen Hemmnisse im Warenhandel und Kapitalverkehr beseitigen". Vgl. auch:

internal frontier	Binnengrenze
internal market	Binnenmarkt
internal customs duty	Binnenzoll

7 single central bank	gemeinsame Zentralbank, EG Zentralbank
single currency	gemeinsame Währung, EG Währungsunion

8 *Britain's move into Ecu finance..,*
Großbritanniens Beteiligung an Ecu Finanzgeschäften
Großbritanniens Teilnahme an der Finanzierung über Ecus

9 „*...won't tie the pound's value to any other European currency.*"
Bisher ist GB zwar Mitglied der EG, das englische Pfund wird auch in den Währungskorb einbezogen, aber Großbritannien nimmt nicht am Interventionsmechanismus teil. Das bedeutet, daß der Kurs des Pfundes frei schwanken kann, ohne daß bei bestimmten Ober- und Untergrenzen die Bank of England mit Devisenan- oder -verkäufen eingreifen muß.

Übersetzungsvorschlag

Premierministerin Margaret Thatcher hält nicht viel von Europas Streben nach wirtschaftlicher Integration, dennoch läßt sie keinen Zweifel an ihrem Wunsch, daß die Londoner City weiterhin das Machtzentrum der europäischen Finanzwelt bleiben soll. Um diese Rolle zu stärken, gab Schatzmeister Nigel Lawson am 2. August bekannt, daß Großbritannien umfangreiche Mengen kurzfristiger auf Europäische Währungseinheiten lautende Schatzwechsel, sogenannte ECUs, verkaufen wird, um einige der Dollarguthaben, die es nun als Devisenreserven hält, zu ersetzen.
Lawson wies darauf hin, daß London durch Vergrößerung des ECU-Marktes und durch das Einnehmen einer Vorrangstellung auf diesem Markt sicher eher als andere aufstrebende Märkte wie Paris, Brüssel und Luxemburg das Zentrum des europäischen Devisenhandels bleiben wird, in einer Zeit, da die EG 1992 ansteuert, das Jahr, in dem endgültig im Warenhandel und Kapitalverkehr die

internen Hemmnisse beseitigt werden sollen. Thatcher billigte die Maßnahme, obwohl sie gegen einen Beitritt Großbritanniens zum EWS, in dem die BRD eine dominierende Stellung einnimmt, ist und hat die Idee einer gemeinsamen Zentralbank oder gemeinsamen EG Währung abgelehnt. (…) Großbritanniens Beteiligung an ECU-Finanzgeschäften wird immer noch nicht den Wert des Pfundes an irgendeine andere europäische Währung binden. (…) Statt dessen zielt Thatcher darauf ab, den ECU in die Maßnahmen miteinzubeziehen, die Großbritannien seinem Ziel, der Erhaltung der Vorherrschaft Londons auf dem Finanzmarkt, näherbringen soll.

Text 9

Schwierigkeitsgrad: **mittel**
Arbeitszeit: **30 Minuten**

Thema: Dollarkurs

Central bank intervention by Japan, West Germany and Britain helped to steady the dollar, swelling these countries' bulging foreign-exchange reserves. West Germany's discount rate cut and assistance for industrial investment also helped to calm currency markets. But in the vacuum preceding a G7 meeting, the dollar will be vulnerable to bad news. The year is ending as it began, with jittery currency markets. Goldman Sachs, an investment bank, expects the dollar to test ¥ 120 and DM 1.50 at some time over the next six months.

Central bank intervention by Japan, West Germany and Britain helped[1] to steady the dollar, swelling[2] these countries'[3] bulging foreign-exchange reserves.

Die Zentralbankintervention durch Japan, die Bundesrepublik Deutschland und Großbritannien…
Die Intervention der Zentralbank Japans, der Bundesrepublik Deutschland und Großbritanniens trug dazu bei, daß sich der Dollar stabilisierte/festigte
…trug zur Stabilisierung/Festigung des Dollar bei (und) dadurch stiegen die ohnehin bereits hohen Devisenreserven dieser Länder weiter an.
….und ließen dadurch die bereits hohen Devisenreserven dieser Länder weiter anschwellen.

West Germany's discount rate cut[4] and assistance for industrial investment[5] also helped to calm currency markets.

Die Senkung des Diskontsatzes in der Bundesrepublik Deutschland und die Förderung von Unternehmensinvestitionen/gewerblichen Investitionen trug auch zur Beruhigung der Devisenmärkte bei.

But in the vacuum preceding[6] a G7 meeting[7], the dollar will be vulnerable to bad news.

Aber in einem Vakuum, das einem G7 Treffen vorausgeht/Aber in dem Vakuum vor einem G7 Treffen wird der Dollar empfindlich auf schlechte Nachrichten reagieren/... wird der Dollar anfällig auf schlechte Nachrichten reagieren.

The year is ending as it began, with jittery currency markets.

Das Jahr endet wie es begonnen hat, mit nervösen/instabilen Devisenmärkten.

Goldman Sachs, an investment bank[8], expect the dollar to test[9] ¥ 120 and DM 1.50 at some time over the next six months.

Nach Ansicht von Goldman Sachs, einer Investment Bank, wird der $ irgendwann in den nächsten 6 Monaten auf ¥ 120 und DM 1.50 fallen/ sich einem Kurs von ... nähern/zubewegen.

Goldman Sachs, eine Investment Bank, erwartet, daß der $ ...

Erläuterungen zum Text

[1] *to help*. Aus stilistischen Gründen bietet sich hier „beitragen" anstelle von „helfen"an.

[2] *swelling/bulging*. Sowohl das Partizip Präsens *swelling*, das den Nebensatz einleitet, als auch *bulging* in der Funktion eines attributiven Adjektivs, sind semantisch gleichzusetzen, gehen also beide auf die Bedeutung „schwellen" zurück.
Die allgemeinsprachliche Bedeutung von *bulging*, nämlich „prall", „vorstehend", „vollgestopft" ist im Fachtext unbrauchbar. *to swell*, dagegen, wird im Deutschen ebenfalls mit „schwellen/anschwellen" wiedergegeben. Eine Lösungsmöglichkeit wäre *bulging* mit „ohnehin schon hohen..." zu übersetzen.

[3] *... swelling these countries' ...* Diese Partizipialkonstruktion wird meistens als Modal-, Temporal- oder Kausalbestimmung gebraucht. Im Deutschen entspricht dieser Konstruktion in der Regel entweder ein adverbialer Nebensatz (temporal oder kausal) oder aber – beim modalen Partizip – die Nebenordnung mit „und". Ein fachlich versierter Übersetzer erkennt sofort, daß der temporale Nebensatz ausscheidet. Die oben genannten Länder haben versucht, den Kursausfall des Dollar zu stoppen, indem sie Dollar auf dem Devisenmarkt aufgekauft haben, also als Nachfrager aufgetreten sind. Sie haben also für nationale Währung Dollar gekauft und dadurch haben sich ihre Devisenreserven, ihre Dollarbestände erhöht.

[4] *West Germany's discount rate cut* – die Senkung des Diskontsatzes in der Bundesrepublik s. a. Text 1, Anmerkung 6; Text 5/2, Anmerkung 1 und 2; Text 6, Anmerkung 12.

[5] *assistance for industrial investment.* Zu *industrial* s. Text 3, Anmerkung 3. Selbst wenn man sich nicht im klaren ist, ob *industrial* hier synonym zu *business* verwendet wird, kann die Übersetzung „Unternehmensinvestitionen/gewerbliche Investitionen" nicht falsch sein, denn „Unternehmen" ist ein breiterer Begriff als „Industrie", es gibt Handelsunternehmen, Industrieunternehmen und zum „Gewerbe" gehört neben der Industrie z. B. auch das Handwerk.

assistance als „Hilfe" zu übersetzen wäre nicht gerade falsch. Es gibt den Begriff „Investitionshilfen", doch denkt man hier in erster Linie an direkte Zuwendungen des Staates, es könnte aber sein, daß der Staat nur ein günstiges Umfeld für Investitionen geschaffen hat, z. B. durch die Steuerreform. Das Kompositum „Investitionshilfen" paßt auch nicht so gut in die Struktur des Satzes wie eine Wiederaufnahme der Genitivphrase durch „Förderung der Unternehmensinvestitionen".

[6] *the vacuum preceding...* Diese Stelle zeigt wiederum, wie wichtig es für den Übersetzer ist, aktuelles Wissen zur Verfügung zu haben. Mit dem Wissen, daß das „Vakuum" hier auf Unsicherheit der Marktteilnehmer hindeutet, welche untere Verteidigungslinie bei einem neuen Treffen der Siebenergruppe festgelegt werden wird.

Im Februar 1987 haben die Finanz- und Notenbankchefs der großen westlichen Industriestaaten in Paris versucht, den Kurs des Dollar zu stabilisieren. („Louvre-Abkommen/Louvre Accord"). Bei welcher unteren Linie der Dollar aufgefangen werden sollte, wurde nie bekannt. Daß aber eine solche untere Verteidigungslinie besteht, bei der die Notenbanken intervenieren, also Dollar aufkaufen sollten, wurde nie bestritten.

[7] *G7 meeting.* G7 steht für „Group of Seven", das ist die Gruppe der sieben führenden westlichen Industrieländer einschließlich Japans. Übersetzungmöglichkeiten für „*G7*":
Die Gruppe der sieben führenden westlichen Industrieländer
Die Siebenergruppe
Übersetzungsmöglichkeiten für *G7 meeting*:
Das Treffen der Gruppe der sieben führenden westlichen Industrieländer
Das Treffen der Siebenergruppe
Das Treffen der G7
Das Treffen der *Group of Seven*

[8] *investment bank. Investment Banks* betreiben in den USA das Effektengeschäft, sie tätigen als Broker (Makler) und Dealer (Eigenhändler) den An- und Verkauf von Wertpapieren, treten als Emissionsbanken (Underwriter) auf und sind in der Unternehmens- und Anlageberatung tätig. Die Entgegennahme von Einlagen ist ihnen verboten, die *Commercial Banks* andererseits dürfen in der Regel keine Wertpapiergeschäfte mit spekulativem Charakter betreiben (*Glass Steagall Act*). Da es in Deutschland dieses Trennbankensystem nicht gibt, sondern

das Universalbanksystem, hat man auch kein Äquivalent im Deutschen für diese Institute.

⁹ *to test*. Die allgemeinsprachliche Bedeutung ist „testen", hier könnte man übersetzen „sich nähern", „sich zubewegen auf". Ist man sich der Tendenz ganz sicher, dann könnte man auch explizit sagen wie hier z. B. „fallen auf".
Vergleiche dazu auch folgende Verben:

Has the dollar *bottomed* at last?	Hat der Dollar schließlich *einen Tiefstand erreicht?*
The dollar *peaked* three years ago.	Vor drei Jahren hat der Dollar *einen Höhepunkt erreicht.*
Net purchases of foreign securities *totalled* DM 24 bn.	Die Nettokäufe ausländischer Wertpapiere *beliefen sich insgesamt auf* DM 24 Mrd.
Productivity growth *topped* 5%.	Die Produktivitätsrate *überstieg* 5%.
Inflation could *hit* 6% by the end of the year.	Die Inflation könnte bis zum Jahresende 6% *erreichen.*
Exports *dipped* \$ 700 million to 26.8 bn.	Die Exporte *fielen um* \$ 700 Mio auf 26.8 Mrd.

Übersetzungsvorschlag

Die Intervention der Zentralbank Japans, der Bundesrepublik Deutschland und Großbritanniens trug zur Stabilisierung des Dollar bei und dadurch stiegen die ohnehin bereits hohen Devisenreserven dieser Länder weiter an. Die Senkung des Diskontsatzes in der Bundesrepublik Deutschland und die Förderung von Unternehmensinvestitionen trug auch zur Beruhigung der Devisenmärkte bei. Aber in dem Vakuum vor einem G7 Treffen wird der Dollar empfindlich auf schlechte Nachrichten reagieren. Das Jahr endet, wie es begonnen hat, mit nervösen Devisenmärkten. Nach Ansicht von Goldman Sachs, einer Investment Bank, wird sich der Dollar irgendwann in den nächsten 6 Monaten auf ¥ 120 und DM 1.50 zubewegen.

Thema: Geldpolitik

Rising interest rates are straining international economic cooperation

The Finance Ministers of the Group of Seven countries didn't have much in mind when they planned an early February get-together in Washington. All they wanted was a chance to meet the new Bush Administration crowd and discuss quietly how to keep the world expansion rolling. (...)
Worried about inflation at home, both the Federal Reserve Board and West Germany's Bundesbank have driven interest rates up by almost a full percentage point since last fall. Tensions between Washington and Bonn are rising as officials fight to contain the dollar's surge against the West German mark. And Japan, which sat on the sidelines for months, confident that its inflation was under control, risks being drawn into the round of "competitive tightening" as the greenback rises above 130 yen and pressure builds in Japan for fat wage hikes. (...) All three countries "prefer to see their currencies run up, because that's the best anti-inflation medicine", says C. Fred Bergsten, director of Washington's Institute for International Economics. (...).

Rising interest rates[1] are straining international economic cooperation.

Steigende Zinsen belasten die internationale wirtschaftliche Zusammenarbeit.

The Finance Ministers of the Group of Seven[2] countries didn't have much in mind when they planned an early February get-together[3] in Washington.

Die Finanzminister der sieben führenden westlichen Industrieländer hatten keine brisanten Themen als sie für Anfang Februar ein Treffen in Washington planten.

All they wanted was a chance to meet the new Bush Administration[4]

crowd and discuss quietly[5] how to keep the world expansion rolling[6].

Alles was sie wollten, war nur die Gelegenheit, die neue Mannschaft der Bush Administration kennenzulernen und in Ruhe zu diskutieren, wie man die wirtschaftliche Expansion weltweit in Gang halten könnte.

Worried about inflation at home[7], both the Federal Reserve Board[8] and West Germany's Bundesbank have driven interest rates up by almost a full percentage point[9] since last fall[10].

Besorgt über die Inflation im Inland.../Aus Besorgnis über die Inflation im Inland haben sowohl die Deutsche Bundesbank als auch die amerikanische Zentralbank ihre Zinsen seit vergangenem Herbst um fast einen ganzen Prozentpunkt heraufgesetzt/angehoben.

> Tensions between Washington and Bonn are rising as officials[11] fight to contain the dollar's surge[12] against the West German mark.

Die Spannungen zwischen Washington und Bonn wachsen, da die Währungsbehörde(n) kämpfen, um den Anstieg des Dollar gegenüber der Deutschen Mark zu begrenzen./...da man kämpft, um...

> And Japan, which sat on the sidelines for months, confident that its inflation was under control, risks being drawn into the round of "competitive tightening"[13] as the greenback[14] rises above 130 yen and pressure builds in Japan for fat wage hikes.

Und Japan, das monatelang beiseite stand.../monatelang nur zusah.../ monatelang passiv war und darauf vertraute, daß es die Inflation unter Kontrolle hatte, läuft nun Gefahr, in den Kreis derer hineingezogen zu werden, die sich in ihrer restriktiven Geldpolitik gegenseitig Konkurrenz machen, da der Dollar 130 Yen übersteigt und in Japan der Druck nach stärkeren Lohnanhebungen wächst.

> All three countries "prefer to see their currencies run up, because that's the best anti-inflation medicine", says C. Fred Bergsten, director of Washington's Institute for International Economics. ...

Alle drei Länder „sehen gern einen Kursanstieg ihrer Währung, weil dies das beste Mittel gegen Inflation ist", so C. Fred Bergsten, Direktor des Institute for International Economics in Washington.

Erläuterungen zum Text

[1] *interest rates.* Zu rate(s) s. Text 5/1, Anmerkung 8. Geht es allgemein um das Zinsniveau, so spricht man im Deutschen von „Zinsen" und nicht von „Zinssätzen".

[2] *Group of Seven.* S. Text 9, Anmerkung 7.

[3] *an early February get-together.* Im Deutschen ist darauf zu achten, daß das Treffen „für" Anfang Februar geplant war. Die Version „Sie planten Anfang Februar ein Treffen" würde bedeuten, daß der Entschluß Anfang Februar gefaßt wurde, das Treffen aber erst später stattfand.

[4] *the new Bush Administration crowd.* Ein versierter Zeitungsleser würde hier nicht auf die Idee kommen, Administration mit „Verwaltung" o. ä. zu übersetzen. Es ist die „Bush-Regierung" oder die „Bush-Administration". *Crowd* könnte hier unübersetzt bleiben oder mit „Mannschaft" wiedergegeben werden.

[5] *to discuss quietly.* Hier ist gemeint, daß man „in aller Ruhe" diskutieren will. Man läßt sich Zeit, man hat keine brisanten Themen auf der Tagesordnung.

„Ruhig/leise" diskutieren impliziert, daß keiner die Stimme erhebt, daß es nicht laut zugeht.

[6] *how to keep the world expansion rolling.* Im Deutschen kann man hier nicht von einer „Weltexpansion" sprechen, denn das würde bedeuten, daß sich die Welt, die Erde ausdehnen würde. Möglich ist „Weltwirtschaftswachstum", „weltweites Wachstum", „weltweite wirtschaftliche Expansion", oder wenn man „weltweit" besser betonen möchte, wäre auch möglich „das Wachstum weltweit", „die wirtschaftliche Expansion weltweit".

[7] *at home.* „Zu Hause" ist umgangssprachlich, besser wäre „im Inland", „in den jeweiligen Ländern", „im eigenen Land".

[8] *Federal Reserve Board.* In der Presse wird diese amerikanische Institution häufig nicht übersetzt, man ist sich auch nicht einig, ob Board nun männlich oder sächlich ist (das Board/der Board). Geht es um geld- oder geldpolitische Beschlüsse in den USA, so ist oft allgemein die Rede von „the Fed", anstelle dieses Gremiums. Auch im Deutschen spricht man von geldpolitischen Beschlüssen der Bundesbank und meint den Zentralbankrat. Übersetzung:

the Federal Reserve Board	der/das Federal Reserve Board
the Fed	der/die Fed, die Federal Reserve Bank
	die amerikanische Zentralbank
	die amerikanische Notenbank
	die Notenbank „Fed"

Alan Greenspan, dessen offizieller Titel *Chairman of the Board of Governors* ist, wird in der deutschen Presse folgendermaßen bezeichnet:
Vorsitzender des Federal Reserve Board
Vorsitzender des Gouverneursrates der amerikanischen Notenbank
amerikanischer Notenbankchef

[9] *percentage point.* „Prozentpunkt", nicht zu verwechseln mit „Prozent", obwohl im Alltagssprachgebrauch kein Unterschied gemacht wird. Verwendet der Autor nun schon einmal den richtigen Begriff, so ist dieser auch im Deutschen wiederzugeben. Zur Unterscheidung:
Die Preise sind um 1 Prozentpunkt gestiegen: von 3% auf 4%.
Die Preise sind um 1 Prozent gestiegen: von 3% auf 3.03%.

[10] *since last fall.* Es kann schon vorkommen, daß man sich in Wirtschaftstexten zu sehr auf die Bewegung der Konjunkturindikatoren konzentriert, auf „Zunehmen" und „Abnehmen", aufs „Steigen" und „Fallen". Nur hier ist mit *last fall* der „letzte Herbst" gemeint.

[11] *officials.* Ein sehr problematischer Begriff, weil er in verschiedenen Kontexten Platzhalter für verschiedene Funktionen sein kann.
Manchmal kann man die entsprechende Behörde oder Institution zuordnen, hier z. B. „die Währungsbehörden", manchmal hilft auch nur die „man-Konstruktion".

12 *the dollar's surge* – Der Anstieg des Dollar/der Anstieg des Dollarkurses. An dieser Stelle ist darauf hinzuweisen, daß oft nicht unterschieden wird zwischen Kursanstieg und Kursrückgang einerseits und Auf- und Abwertung andererseits. Bei frei schwankenden Wechselkursen, z. B. DM/$, spricht man von Kursanstieg/Kursrückgang. Der jeweilige Kurs bildet sich nach Angebot und Nachfrage. Auf- und Abwertung nennt man die Kursfestsetzung im System der relativ festen Wechselkurse durch die Regierung z. B. im Europäischen Währungssystem.

13 *competitive tightening.* Man kennt vielleicht den allgemeinsprachlichen Ausdruck *to tighten one's belt* – „den Gürtel enger schnallen". Im Bezug auf die Geldpolitik würde das heißen, daß dann eine Politik des teuren Geldes gemacht wird, eine restriktive oder kontraktive Geldpolitik. Bisher hat die japanische Zentralbank keine Veranlassung gesehen, die Zinsen anzuheben. Aber nun steigt der Dollar auf über 130 Yen. Das bedeutet, daß die japanischen Importe teurer werden und andererseits wird auch der Kostendruck durch höhere Löhne steigen. Kostenanstieg und die Möglichkeit, die Kosten über höhere Preise auf den Verbraucher abzuwälzen, bedeutet Inflationspotential.

tight budget situation	angespannte Haushaltslage
to tighten the tax screw	die Steuerschraube anziehen
tight labor market	Arbeitskräftemangel
tight monetary policy	restriktive Geldpolitik
tight money	Geldknappheit

14 *greenback.* Slangausdruck für Dollar (dtsch. auch: „der Greenback").

Übersetzungsvorschlag

Steigende Zinsen belasten die internationale wirtschaftliche Zusammenarbeit

Die Finanzminister der sieben führenden westlichen Industrieländer hatten keine brisanten Themen, als sie für Anfang Februar ein Treffen in Washington planten. Alles was sie wollten, war nur die Gelegenheit, die neue Mannschaft der Bush-Administration kennenzulernen und in Ruhe zu diskutieren, wie man die wirtschaftliche Expansion weltweit in Gang halten könnte. (...)
Aus Besorgnis über die Inflation im Inland haben sowohl die Deutsche Bundesbank, als auch die amerikanische Zentralbank ihre Zinsen seit vergangenem Herbst um fast einen ganzen Prozentpunkt heraufgesetzt. Die Spannungen zwischen Washington und Bonn wachsen, da die Währungsbehörde(n) kämpfen, um den Anstieg des Dollar gegenüber der Deutschen Mark zu begrenzen. Und Japan, das monatelang beiseite stand und darauf vertraute, daß es die Inflation unter Kontrolle hatte, läuft nun Gefahr, in den Kreis derer hineingezogen zu werden, die sich in ihrer restriktiven Geldpolitik gegenseitig Konkurrenz machen, da der Dollar 130 Yen übersteigt und in Japan der Druck nach stärkeren Lohnanhebungen wächst. (...) Alle drei Länder „sehen gern einen Kursanstieg ihrer Währung, weil dies das beste Mittel gegen Inflation ist", so C. Fred Bergsten, Direktor des Institute for International Economics in Washington. (...)

Anhang

Zahlen

GNP rose by nearly 5% in 1987.

Das Bruttosozialprodukt stieg um fast 5%.

The jobless rate climbed to 5.4%.

Die Arbeitslosenrate stieg auf 5,4%.

Prices dropped by 0.1% to 3%.

Die Preise fielen um 0,1% auf 3%.

The index of consumer confidence dropped from 119.7 in August to 109 in September.

Der Index „Vertrauen des Verbrauchers" fiel im August von 119,7 auf 109 im September.

GDP is expected to grow at 3% to 4%.

Man erwartet einen Anstieg des Bruttoinlandsprodukts zwischen 3% und 4%.

Factory output grew at an estimated 6.5%.

Die Industrieproduktion stieg um ca. 6,5%.

Beachte:

ohne Präposition
Food costs rose 0.9% in July.

um
Die Kosten für Nahrungsmittel stiegen im Juli um 0,9%.

Manufacturing sales jumped 2.1% in August.

Die Umsätze des verarbeitenden Gewerbes stiegen im August um 2,1%.

Business inventories increased 0.3% in August.

Die Lagerbestände der Unternehmen stiegen im August um 0,3%.

Wages actually dipped 0.1%.

Die Löhne gingen tatsächlich um 0,1% zurück.

From January through July, employment gains averaged 324,000 per month.

Von Januar bis Juli nahm die Beschäftigung pro Monat durchschnittlich um 324,000 zu.

Since 1985 bankrupties have surged at double-digit annual rates.

Seit 1985 haben die Insolvenzfälle jährlich in zweistelliger Höhe zugenommen.

In der Fachsprache ist eine Tendenz zu den sog. **„phrasal verbs"** zu beobachten. Schäfer nennt diese Tendenz eine „Umschichtung der ‚hard words' zu Grundverben + Präpositionen"

Write-offs are down by 4%.

Abschreibungen sind um 4% gesunken.

Both trade and current account surpluses were only down by DM 5 billion to DM 10 billion this year.	Sowohl der Handelsbilanz- als auch der Leistungsbilanzüberschuß sanken heuer um nur 5–10 Mrd DM.
Consumer goods are only 5% up.	Konsumgüter sind nur um 5% gestiegen.
Prices were up by almost 1½% this year.	Die Preise sind heuer um fast 1½% gestiegen.
One big problem is to bring unemployment down.	Ein großes Problem besteht darin, die Arbeitslosigkeit zu senken.
Germany's real GNP growth per capita came to 1.4% in the first half of the eighties.	Der Pro-Kopf-Anstieg des realen BSP in der BRD betrug 1,4% in der ersten Hälfte der 80er Jahre.
This year's tax cuts in Germany will bring the total amount of tax reductions since 1986 to 45 billion Deutsche Mark.	Durch die diesjährigen Steuersenkungen in Deutschland wird sich die Gesamtsumme der Steuerentlastungen seit 1986 auf 45 Mrd DM belaufen.
Pay settlements have edged up from around 5% to 6%.	Die Lohnabschlüsse sind von ca. 5% auf 6% gestiegen.
The Chancellor hopes the pound will gradually edge down towards DM 3,–.	Der (Schatz)kanzler hofft, daß das Pfund/der Pfundkurs allmählich auf ca. DM 3,– sinken wird.
The jobless rate edged back down.	Die Arbeitslosenrate ist wieder gesunken.
Wage growth picked up.	Der Lohnzuwachs nahm zu.
Inflation though now edging higher, will probably start to trend back down.	Die Inflationsrate, die momentan ansteigt, wird wahrscheinlich wieder tendenziell nach unten gehen.
Wage gains are likely to bounce back to nearly 4% at an annual rate.	Der Lohnanstieg wird wahrscheinlich auf eine Jahresrate von fast 4% zurückgehen/fallen/zurückschnellen.
Interest rates are heading up.	Zinsen steigen.
External surpluses are being pared down.	Zahlungsbilanzüberschüsse werden nun abgebaut.

Adjektiv vor Zahlen

Das Adjektiv im Englischen vor der Zahl ist im Deutschen durch eine Adverbiale wiederzugeben. Während im Englischen eine breite Palette von Adjektiven zur Verfügung steht, beschränkt man sich im Deutschen auf wenige Adverbien. Sieht man eine Zahl als relativ hoch an, so findet man fast ausschließlich

„kräftig", handelt es sich nach Ansicht des Autors um eine relativ niedrige Zahl, so bringt man das durch „lediglich", „nur" oder „nur geringfügig" zum Ausdruck.

The economy has grown at a robust 4.3% annual rate.	Die Wirtschaft ist mit einer Jahresrate von 4,3% kräftig gewachsen.
The economy grew at a brisk annual rate of 4.5%.	Die Wirtschaft wuchs kräftig mit einer Jahresrate von 4,5%.
Real gross national product grew at a vigorous 3.9% rate in the first quarter of 1988.	Das reale BSP verzeichnete einen kräftigen Zuwachs in Höhe von 3,9% im ersten Quartal 1988.
Income has risen a strong 1.1% in March.	Die Einkommen stiegen mit 1,1% im März kräftig an/stark an.
Retail sales rose at a 5.6% annual rate in the last quarter.	Im letzten Quartal stieg der Einzelhandelsumsatz mit einer Jahresrate von 5,6% an.
Industrial output rose a moderate but healthy 0.4% in June.	Die Industrieproduktion stieg im Juni mäßig, aber nicht unerheblich um 0,4% an. Die Industrieproduktion wies einen mäßigen, aber immerhin robusten Anstieg von 0,4% im Juni auf.
Personal income gained a scant 0.1%.	Das Einkommen der Privaten stieg nur geringfügig um 0,1% an. (Beachte: stieg um knapp 0,1% an wäre ein Fehler = almost 0,1%)
In 1987 real GNP grew by a paltry 1¾%.	Das reale BSP stieg nur geringfügig um 1¾% an.
In the manufacturing sector output rose a meager 0.2%.	Im verarbeitenden Gewerbe stieg die Produktion lediglich um 0,2% an.

Vergleiche

Business climate is more favourable than it has been for the past 15 years.	Das Geschäftsklima ist so günstig wie schon seit 15 Jahren nicht mehr.
Government expenditure will not be less than for the fiscal year 1987.	Die Staatsausgaben werden den Umfang des Fiskaljahres 1987 nicht unterschreiten.
West German retail sales grew less than a third as fast as the economy as a whole.	Die Einzelhandelsumsätze wuchsen nicht einmal ein Drittel so stark wie die Wirtschaft insgesamt.

The oil bill was more than halved in only two years.

Die Ölrechnung wurde in nur zwei Jahren mehr als halbiert.

Merchandise exports to the industrialised countries increased more than fourfold, but there was a sevenfold increase in American exports to the developing countries.

Der Warenexport in die Industrieländer stieg um mehr als das Vierfache an, aber die amerikanischen Exporte in die Entwicklungsländer versiebenfachten sich.

Net exports are declining and now represent only half their mid-1985 level.

Die Nettoexporte gehen zurück und sind nur noch halb so hoch wie Mitte 1985.

In the USA business investment is expected to rise by almost 10% this year – up from the measly 3% forecast at the end of 1987.

In den USA wird bei den Unternehmensinvestitionen ein Anstieg von fast 10% in diesem Jahr erwartet. Ende 1987 prognostizierte man lediglich 3%/... von fast 10% (...) im Vergleich zu lediglich 3%, die man Ende 1987 prognostizierte.

Japan's net external assets were running at an estimated US $ 260 bn, up from some US $ 25 bn in 1982.

Das Nettoauslandsvermögen Japans belief sich auf ca. 260 Mrd US $. 1982 waren es ca. 25 Mrd US $/... belief sich auf ca. 260 Mrd US $, dies ist ein Anstieg gegenüber den ca. 25 Mrd US $ von 1982.

In June consumers took on $ 5.4 bn more debt than they paid off, bringing total installment debt to $ 641.8 bn, up 9.2% from last year.

Im Juni nahmen die Verbraucher um 5,4 Mrd $ mehr Kredite auf als sie zurückzahlten. Die Ratenkredite belaufen sich somit auf $ 648,8 Mrd, das ist ein Anstieg von 9,2% im Vergleich zum vergangenen Jahr.
... $ 648,8 Mrd, damit stiegen die Ratenkredite seit dem vergangenen Jahr um 9,2% auf insgesamt $ 641,8 Mrd.

Utilisation rates in manufacturing also probably rose slightly from the 83.2% rate in May and June.

Der Kapazitätsauslastungsgrad im verarbeitenden Gewerbe stieg wahrscheinlich auch leicht an, im Vergleich zu/gegenüber Mai und Juni, als der Auslastungsgrad 83,2% betrug.

Giant companies can now borrow from the SanFrancisco-based lender at a prime rate of 10.5%, down from a peak of 21.5% at the end of 1980.

Großunternehmen können nun von dem Kreditinstitut, das seinen Sitz in San Francisco hat, zu einer Prime Rate von 10,5% Kredite aufnehmen. Der Zinssatz liegt damit deutlich tiefer als Ende 1980, als er seinen Höchststand erreicht hatte./... Kredite aufnehmen. Ende 1980 hatte die Prime Rate einen Höchststand von 21,5% erreicht.

By Friday the stock closed at $ 4.13 a share, off more than 12% for the week.

Die Schlußnotierung am Freitag war $ 4,13 pro Aktie. Die Kurse fielen in dieser Woche somit um mehr als 12%./Das war ein Rückgang um mehr als 12% in dieser Woche.

He must pay 19% for an unsecured personal loan, off somewhat from last fall's high of 25% but still a towering rate.

Er muß für einen ungesicherten Personalkredit 19% Zins zahlen, ein Satz, der etwas unter dem Spitzensatz von 25% im vergangenen Herbst, aber immer noch sehr hoch liegt.

Zeitangaben

from 1990 onward

ab 1990

from mid-year onwards

seit Jahresmitte/in der zweiten Hälfte des Jahres

for 1988 and beyond

für 1988 und danach

They planned an early Februar meeting.

Sie planten ein Treffen für Anfang Februar.

More than 90% expect a recession by the end of 1990.

Mehr als 90% erwarten bis Ende 1990 eine Rezession.

The ratio of instalment debt to income climbed sharply from 14% in 1984 to a record 19% by mid-1987.

Das Verhältnis Ratenkredit zu Einkommen stieg kräftig und zwar von 14% im Jahre 1984 auf eine Rekordhöhe von 19% Mitte 1987.

Around the turn of 1986/87 price rises for raw material gathered pace, and persisted for practically the entire year.

Um die Jahreswende 1986/87 legte der Preisanstieg für Rohstoffe zu und hielt praktisch das ganze Jahr über an.

West German exports grew about 3% in volume in all of 1987.	1987 nahmen die Exporte der Bundesrepublik dem Volumen nach/volumenmäßig um ca. 3% zu.
Unfortunately the company made a loss in the year to March.	Leider machte das Unternehmen im letzten Geschäftsjahr, also bis März, einen Verlust.
The high street banks will report on the half-year to 30 June.	Die Geschäftsbanken werden über die erste Hälfte des Geschäftsjahres, die am 30. Juni endete, berichten.
Their results for the year to end March last will be published this week.	Die Ergebnisse für das Geschäftsjahr, das vergangenen März endete, werden diese Woche veröffentlicht.
The real gross national product showed a rise on the year.	Das reale BSP zeigte gegenüber dem Vorjahr einen Anstieg.
The average length of unemployment at 15 months, is not only far longer than in general, but also increased markedly last year.	Die durchschnittliche Dauer der Arbeitslosigkeit ist mit 15 Monaten nicht nur wesentlich länger als im allgemeinen, sondern sie hat im vergangenen Jahr deutlich zugenommen.
The Deutsche mark is depreciating, and again at a considerable rate, at an annualized 24% up to August.	Der Wert der Deutschen Mark sinkt wiederum beträchtlich, mit einer Jahresrate von 24% bis August.
In December of last year the Bundesbank reduced its discount rate to the all-time low of 2½%.	Im vergangenen Dezember senkte die Deutsche Bundesbank ihren Diskontsatz auf einen neuen Tiefstand von 2½%.
Unemployment has fallen to a 14-year low of 5.3%.	Die Arbeitslosigkeit ist auf 5,3%, einen Tiefstand seit 14 Jahren gesunken.
Leisure markets showed their best-ever growth.	Die Freizeitmärkte zeigten ihr bisher bestes Wachstum.
Sales reached a 14-month high.	Die Umsätze waren so hoch wie seit 14 Monaten nicht mehr.
Interest rates have risen to a 8-year high.	Die Zinsen sind auf einen Höchststand seit 8 Jahren gestiegen.

„Inquit-Formeln"

he told securities analysts	er ließ Wertpapieranalytiker wissen/ er teilte Wertpapieranalytikern mit
politicians are of the view	Politiker sind der Auffassung
City sources believe	in City-Kreisen ist man der Meinung
City seers said	laut Prognosen von City-Beobachtern
The OECD finds	nach Meinung/Aussage der OECD
a report notes that	einem Bericht zufolge
a recent study found	laut dem Ergebnis einer jüngsten Studie/das Ergebnis einer jüngsten Studie war
informed market sources believe	informierte Händlerkreise sind der Meinung/aus informierten Händlerkreisen heißt es/verlautet
sources close to the company	Firmenbeobachter/aus informierten Kreisen
from reliable sources	aus verläßlicher Quelle
it is reliably understood that	aus verläßlicher Quelle weiß man, daß
as rumour has it	Gerüchten zufolge
speculation has it	Gerüchten zufolge
speculation is fuelled by/speculation is mounting	Gerüchte mehren sich durch

Im Englischen:	Im Deutschen:
Adjektiv **Partizip + Substantiv** **Substantiv**	**Auflösung durch Präpositionalphrasen, Genitivergänzung oder Nebensatz**
West German retail sales	Einzelhandelsumsätze in der Bundesrepublik Deutschland
rural grocers	Lebensmittelhändler auf dem Lande
late-night shopping	Einkaufen am späten Abend
corporate America	Unternehmen in Amerika
upward revision downward revision	Anpassung nach oben Anpassung nach unten
New York based company	Unternehmen mit Sitz in New York

retailing executive	Leitender Angestellter im Einzelhandel
export-led growth	Wachstum aufgrund von Exporten/ exportinduziertes Wachstum
Eurocurrency trading	Handel mit Eurowährungen
sovereign loans	Darlehen an Länder
business opportunities	Gelegenheiten für Geschäfte
business confidence	Vertrauen in die Wirtschaft
privat bank loans	Darlehen von Privatbanken/Darlehen der Privatbanken
third world loans	Darlehen an die Dritte Welt
third world debt	Schulden der dritten Welt
equity stakes	Beteiligungen am Eigenkapital
World Bank – IMF meeting	Jahresversammlung/Tagung der Weltbank und des IWF
commercial bank debt	Forderungen der Commercial Banks (Geschäftsbanken)
discount rate cut	Senken des Diskontsatzes
US-grown beef	Rinder, die in den USA aufgezogen wurden
West German dominated EMS	EWS, in dem die Bundesrepublik Deutschland dominiert
a stomach-churning deficit	Ein Defizit, das Kopfzerbrechen bereitet
$-denominated securities	Wertpapiere, die auf Dollar lauten
deregulation-minded politicians	Politiker, die für einen Abbau von Regulierungen sind

Real – nominal

1. *Real* GDP rose by nearly 5% in 1987
   Das *reale* Bruttoinlandsprodukt stieg 1987 um fast 5%
   Das heißt, daß 1987 mehr Güter und Dienstleistungen in dem jeweiligen Land produziert wurden, z. B. statt 1000 Autos 1200 Autos. Es gab also einen rein *mengen*mäßigen Zuwachs
   Wäre vom *nominal GDP* die Rede gewesen und wir wüßten, daß nach wie vor nur 1000 Autos produziert wurden, dann würde dies bedeuten, daß die gleiche Menge zu *höheren Preisen* bewertet worden wäre, daß also die Preise im Inland gestiegen sind.

   Weitere Beispiele:

Last year, retail sales rose by only 0.7% *in real terms.*	Vergangenes Jahr stiegen die Einzelhandelsumsätze *real* nur um 0,7%.
Industrial orders were up *a real* 4% in January.	Im Januar stiegen die Industrieaufträge *real um 4%.*

2. West German exports, which grew by about 3% *in volume* in all of 1987, surged *a real* 7.5% in the fourth quarter, compared with that period a year earlier.
   Die Exporte der Bundesrepublik Deutschland, die 1987 *dem Volumen nach/volumenmäßig* um 3% angestiegen sind, schnellten im 4. Quartal, verglichen mit dem Vorjahreszeitraum, *real* um 7,5% in die Höhe.
   Man kann hieraus ersehen, daß im Kontext Exporte/Importe *in volume* und *real* austauschbar verwendet werden.

   Ein weiteres Beispiel:

The monthly *volume of imports* has fallen only twice this year; *in value terms* $ 3.4 bn of July's $3.6 bn improvement in the trade balance came from the fall in imports.	Das monatliche *Importvolumen* ist dieses Jahr nur zweimal gesunken; *wertmäßig* waren von den $ 3,4 Mrd, um die sich die Handelsbilanz verbesserte, $ 3,4 Mrd auf einen Rückgang der Importe zurückzuführen.
	oder:
	Die monatlichen Importe sind ... dem Volumen nach nur zweimal gesunken; dem Wert nach ...

   Eine weitere Variante:

The trade deficit shrank in April to $ 9.9 bn after seasonal adjustment. It also posted a surprise in narrowing in March, to $ 11.7 bn from $ 14.4 bn in February. These data	Das Handelsdefizit schrumpfte saisonbereinigt im April auf $ 9,9 Mrd. Es sorgte auch für Überraschung, als es von $ 14,4 Mrd im Februar auf $ 11,7 Mrd im März sank. Diese Zahlen

are the best evidence yet that the *dollar value* of the trade deficit is turning around. The *real* gap, adjusted for price changes, has been shrinking since late 1986, but it's the *dollar value* that has to be financed.

sind der beste Beweis dafür, daß das Defizit *dem Wert nach/wertmäßig* sinkt. Real, also preisbereinigt, geht das Handelsdefizit schon seit Ende 1986 zurück, aber es ist das *wertmäßige* Defizit, das finanziert werden muß.

Anmerkung:

Dollar bleibt hier aus Gründen der Einfachheit unübersetzt, da es aus dem Text hervorgeht, daß es sich um die amerikanische Handelsbilanz handelt und konkrete Zahlenangaben bzw. Währungsangaben vorliegen.

Die Exporte/Importe steigen

a. *real*
dem Volumen nach
volumenmäßig

b. *nominal*
dem Wert nach
wertmäßig

Was bedeutet das?

a. Stiegen die Importe bzw. die Exporte real/dem Volumen nach/volumenmäßig, so wurde mehr importiert bzw. exportiert, z. B. statt 1500 Einheiten Öl, 2000 Einheiten.

b. Stiegen die Importe nominal/dem Wert nach/wertmäßig, dann bedeutet dies, daß die gleiche Menge höher bewertet wurde. Das kann wiederum zwei Ursachen haben:
   – das Ausland hat die Preise erhöht. 1500 E Öl kosten jetzt $ 3200 statt $ 3000,–
   – Der Wechselkurs der DM ist gestiegen, d. h. die DM hat an Wert verloren, es müssen jetzt für eine ausländische Währungseinheit mehr DM bezahlt werden
   vorher: 1 $ = DM 1.70
   nachher: 1 $ = DM 1.80

Stiegen die Exporte nominal, dann bedeutet dies ebenfalls, daß die gleiche Menge höher bewertet wurde:
   – die inländischen Preise sind gestiegen
   – der Wechselkurs der DM ist gefallen, d. h. die DM hat an Wert gewonnen, es müssen jetzt für eine DM mehr ausländische Währungseinheiten bezahlt werden
   vorher: 1 DM = 3.44 FF
   nachher: 1 DM = 3.50 FF

c. Im Zusammenhang mit Preisen/Preisentwicklung findet man analog folgende Termini:

in real terms | in current terms/in $ terms
in real $ | in current $

Beispiel:

For students doing a four-year course at public institutions, the average cost of tuition, room and board has risen by 26% in *real dollars* since 1980; in *current dollars* from $ 14,400 to nearly $ 25,000. At private colleges it has gone up 36% in *real terms* (from $ 26,600 to 50,000 in *current terms*).

Für Studenten, die eine vierjährige Ausbildung an staatlichen Bildungseinrichtungen besuchen, sind die durchschnittlichen Kosten für Studiengebühren, Unterkunft und Verpflegung seit 1980 *real* um 26% gestiegen; zu *laufenden Preisen* von $ 14.400 auf fast $ 25.000. Bei privaten Colleges stiegen die Kosten *real* um 36% (zu *laufenden Preisen* von $ 26.600 auf 50.000).

Überblick über die Verwendung von real/nominal und Kontextvarianten
Mengenmäßige Veränderungen

real	*real*	*Kontext*
in real terms	real	Bruttosozialprodukt, Auftragseingänge, Export/Import
in volume in volume terms	volumenmäßig, dem Volumen nach	Export/Import
in real dollars in real terms	zu konstanten Preisen (die entsprechende Währung ergibt sich meist aus dem Kontext)	Preise generell
adjusted for inflation	inflationsbereinigt	
adjusted for price rises/changes	preisbereinigt	

Wertmäßige Veränderungen

nominal	*nominal*	*Kontext*
in nominal terms	nominal	Bruttosozialprodukt, Auftragseingänge, Export/Import
in value in value terms in dollar terms	wertmäßig, dem Wert nach	Export/Import
in current terms in current dollars	zu laufenden Preisen	Preise generell
not adjusted for inflation	nicht inflationsbereinigt	
not adjusted for price rises/changes	nicht preisbereinigt	

nominal – real, brutto – netto

Hin und wieder werden *nominal und real* einerseits und *brutto und netto* andererseits von den Studierenden gleichgesetzt.
Eine Abgrenzung kann am besten am Beispiel „Einkommen" vorgenommen werden.

Nominaleinkommen/Realeinkommen

Das *Nominaleinkommen* eines abhängig Beschäftigten ist der Betrag, der als Entgelt für die Arbeitsleistung bezahlt wird, ohne Berücksichtigung der Inflationsrate, also der Kaufkraft.
Das *Realeinkommen* drückt die Kaufkraft des Einkommens aus. Ist das Nominaleinkommen um 6%, die Preise der Lebenshaltung um 3,5% gestiegen, dann hat sich der Reallohn um 2,5% erhöht.

Bruttoeinkommen/Nettoeinkommen

Das *Bruttoeinkommen* eines abhängig Beschäftigten ist der Betrag auf der Lohnsteuerkarte ohne Berücksichtigung der Abzüge wie z. B. Steuern und Beiträge.
Das *Nettoeinkommen* ist der Betrag, den der Arbeitnehmer für Konsumzwecke verwendet oder auch sparen kann.

Sekundärliteratur

Lexika einsprachig

Gablers Wirtschaftslexikon, Wiesbaden 1988
Friedman, J. P.: *Dictionary of Business Terms,* New York 1987
Nobes, C. W.: *The Economist pocket accountant,* London 1985
Pennant-Rea, R.: *The Pocket Economist,* London 1988
Perry, F. E.: *A Dictionary of Banking,* 2. Ausg. Plymouth 1983
Sloan, H. S.: *Dictionary of Economics,* 5. Ausg. New York 1970
Bußman H., *Lexikon der Sprachwissenschaft,* Körner-Verlag Stuttg. 1983
Duden, Band 4: Die Grammatik, Bibliographisches Institut Mannheim u. a.
Duden, Band 9: Die Zweifelsfälle der deutschen Sprache, Bibliogr. Institut
Mannheim u. a.

Lexika zweisprachig

Dietl/Moss/Lorenz: *Teil 1 Englisch-Deutsch,* New York 1985; *Teil II Deutsch-Englisch,* New York 1983
Der große Eichborn Englisch-Deutsch, Siebenpunkt Verlag 1981
Der große Eichborn Deutsch-Englisch, Siebenpunkt Verlag 1982
Gunston/Corner: *Deutsch-Englisches Glossarium,* Frankfurt 1983
Der große Muret-Sanders Deutsch-Englisch, Berlin u. a. 1983
Der große Muret-Sanders Englisch-Deutsch, Berlin u. a. 1983
Schäfer, W.: *Wirtschaftswörterbuch Deutsch-Englisch,* München 1983; *Englisch-Deutsch,* München 1986
Zahn, H. E.: *Deutsch-Englisches Glossarium,* Frankfurt 1982
Zahn, H. E.: *Wörterbuch für das Bank- und Börsenwesen, Deutsch-Englisch, Englisch-Deutsch,* Frankfurt 1982

Lehrbücher u. a.

Arnim, v. H.: *Volkswirtschaftspolitik,* Frankfurt/Main 1976
Fritsch/Kugler: *Kaufmännische Betriebslehre,* Verlag Europa Lehrmittel, Wuppertal 1979.
Hartmann, G.: *Volks- und Weltwirtschaft,* Merkur Verlag Rinteln 1981
Sachs, R.: *Leitfaden Außenwirtschaft,* Wiesbaden 1984
Sachs, R.: *Einführung in die Wirtschaft,* Verlag Uni Druck 1984
Schäfer, W.: *Business English.* Lese- und Übungsbuch, München 1987
Schäfer, W.: *Wirtschaftsenglisch.* Lehr- und Übungsbuch, München 1987
Stehle, H./Sanwald W.: *Grundriß der industriellen Kosten- und Leistungsrechnung,* Merkur Verlag Rinteln 1974
Padfield, C. F.: *Law made simple,* Oxfort 1988
Puckler, G.: *Das Bank- und Börsenwesen in den USA,* Frankfurt/Main 1986
Whitehead G.: *Economics made simple,* London 1985